ELEFANTE

elefante
EDITORA

CONSELHO EDITORIAL
Bianca Oliveira
João Peres
Tadeu Breda

EDIÇÃO
Tadeu Breda

ASSISTÊNCIA EDITORIAL
Fabiana Medina

PREPARAÇÃO
Carolina Hidalgo Castelani

REVISÃO
Tomoe Moroizumi

CAPA
Paula Cruz

DIAGRAMAÇÃO
Bianca Oliveira
Hannah Uesugi
Pedro Botton

DIREÇÃO DE ARTE
Bianca Oliveira

VIDEOGAME PANDEMIA

JOÃO VARELLA

Dedico este livro às pessoas que perdemos na pandemia.

O que é este livro

Salve, Tadeu. Como vai?

Quero te fazer uma proposta de um livro escrito por mim sobre videogame e pandemia. Acho que a Elefante seria a editora ideal, uma vez que vocês trabalham com temas mais quentes (que a Lote 42, minha editora).

O ano de 2020 foi um ponto de inflexão para os videogames. A interatividade digital ajudou a amenizar o isolamento social, ao mesmo tempo que passou a ser parte essencial de outro jogo: o jogo de poder das empresas mais ricas do mundo, como Amazon, Microsoft, Facebook, entre outras.

O livro traria uma série de ensaios que aprofundam o olhar sobre esse meio, tanto para jogadores experientes quanto para interessados em começar a entender. Arte, economia e tecnologia se misturam em discussões que passam por temas de interesse específico, como *The Last of Us Part II*, *Among Us* e PlayStation, e de interesse mais amplo, como representatividade, acessibilidade, política e desenvolvedores independentes.

O conteúdo teria como base a apuração e os textos que fiz no período para *Folha de S. Paulo*, UOL, *Veja*, *Elástica*, *O Globo*, entre outros veículos, tudo retrabalhado para apontar à reflexão de fundo, tirando redundâncias e adicionando conteúdo inédito. Creio que estamos falando de um livro de 25 mil palavras.

×

Esse foi o começo do e-mail que mandei a Tadeu Breda, editor da Elefante, em 6 de janeiro de 2021. Nessa data, o Brasil contava 199.043 mortes por covid-19 e 7.874.539 casos da doença desde o início da pandemia.[1]

O que escrevi não foi mera bravata de autor tentando emplacar livro em editora. O isolamento social em meio a uma catástrofe humanitária impediu a proximidade física entre pessoas — e, diante desse contexto de adversidades inumeráveis e inomináveis, as práticas digitais ganharam força. Entre elas, o videogame, expressão cultural que se consolidou. Foi a terceira atividade digital mais popular no Brasil desde o início da pandemia, atrás apenas de música e filmes.[2]

Este livro busca ensaiar entendimentos desse fenômeno, refletindo sobre o que aconteceu com essa mídia durante um dos períodos mais importantes da história recente da humanidade. Sem passar pano, sem fazer ode. É uma luz com foco específico, mas que, ao ser exposta a um prisma, ajuda a iluminar outros campos. Para captar instantes desse processo de retroalimentação complexo, os ensaios aqui reunidos transitam livremente entre economia, arte e tecnologia, os três pilares que estruturam a linguagem aqui abordada. São três elementos necessários — sem um deles, o tripé cai, algo fica em falta.

Dividi o livro em seis atos, variando planos gerais e close-ups. Na primeira parte, discuto o videogame do ponto de vista macro, com um módulo dedicado ao estranho comportamento isolado da comunidade.

1 GARRETT JR., Gilson. "Brasil tem 1.266 mortes por covid-19 em 24h, maior número desde agosto", *Exame*, 6 jan. 2021.
2 Hábitos Culturais II, Itaú Cultural, jun. 2021.

Com as bases sedimentadas, a segunda parte é destinada aos jogos eletrônicos que atuaram como espaço de confraternização e sociabilidade, com atenção especial para *Animal Crossing: New Horizons* e *Among Us*.

A terceira parte aborda os problemas da produção de videogames e da indústria cultural digital, tomando como exemplo *Cyberpunk 2077*, o lançamento mais esperado dos últimos anos. *Watch Dogs: Legion* serve de introdução e comprovação de que não se trata de um fenômeno isolado.

A quarta e a quinta partes mostram softwares que buscam deixar um legado duradouro para a mídia, a fim de se tornar as novas referências no cânone. O quarto bloco discute três títulos que mostraram como a representatividade ganhou terreno nos videogames (*Tell Me Why*, *Spider-Man: Miles Morales*, *The Last of Us Part II*), enquanto o quinto fala do jogo do ano: *Hades*.

Por fim, o sexto ato é dedicado aos novos consoles e ao futuro da mídia, com a ferramenta nuvem chegando finalmente aos videogames.

Em 2020, foram disponibilizados mais de dez mil lançamentos na Steam, principal loja de jogos eletrônicos. Este livro não abarca todos eles — longe disso. No entanto, a partir de alguns games, busca provocar reflexões sobre movimentos, mudanças e possibilidades dentro do universo do videogame.

Entre os fenômenos que não abordo, um deles é o do e-sport. Os jogos competitivos contam com dinâmicas próprias e pedem um acompanhamento diferente por suas atualizações constantes e envolvimento da comunidade. É certo afirmar que foram também diretamente impactados pela covid-19. Equipes como a North, ligada ao clube de futebol FC Copenhague, tiveram as atividades encerradas por causa da pandemia.[3] O maior campeonato de jogos de luta, Evolution Championship Series (EVO), tentou fazer uma edição on-line, porém foi cancelado após Joey "Mr. Wizard" Cuellar, presidente do evento, ser acusado de assédio sexual e pedofilia.[4] No início de 2021, a EVO foi adquirida pela Sony.[5] Esse é um movimento que faz sentido para uma empresa de consoles, pois luta é um dos raros gêneros relevantes em e-sport disputado com controle na mão, e não com mouse e teclado — uma diferença de input banal para quem vê de fora, mas crucial para quem disputa.

As notas de rodapé apontam tanto matérias originais que escrevi quanto as fontes consultadas para completar o raciocínio nos atos a seguir, uma decisão que busca a fluidez da leitura, ao mesmo tempo que aponta caminhos para quem quiser se aprofundar ou verificar o que afirmo.

3 BIANCHI, Leo. "Pandemia bate forte nos e-sports e até acaba com organização", *Start UOL*, 7 fev. 2021.

4 ABREU, Victor de. "EVO 2020 é cancelada após escândalo com presidente do evento Joey Cuellar", *TechTudo*, 3 jul. 2021.

5 "Welcoming EVO into the PlayStation Family", SIE. Blog, 18 mar. 2021.

Parte 1

O ESTADO DO VIDEOGAME

Grande e isolada: a bolha da comunidade de games

Videogame é parte fundamental da vida contemporânea. Sua influência atinge até mesmo aqueles que não têm o hábito de jogar. Ainda asssim, essa mídia aparenta não participar do debate público. Seus signos e suas narrativas são construídos e analisados somente pela chamada comunidade gamer, os iniciados. Estudiosos da área chamam essa dinâmica de "paradigma insiders e outsiders", ou seja, você é ou não é gamer, binário e sumário.[6] Apesar de seus grandiloquentes sinais de importância, reforçados durante a pandemia, os jogos eletrônicos resistem em se submeter a escrutínios críticos do ponto de vista social, cultural e político.

Por que essa separação? A resposta não vem de maneira óbvia, é preciso voltar um pouco no tempo. A definição do próprio objeto, do que é jogador, do que é videogame, varia, muda, se transforma, é fugidia e ainda se mistura com a lógica capitalista. Para o conglomerado estadunidense Warner, videogame era sinônimo de lucro. A companhia comprou no fim dos anos 1970 a Atari — que pode ser considerada a responsável por tirar os videogames das universidades e trazê-los ao público —, lucrando nesse processo. A Atari era uma pequena empresa ligada à tecnologia com alto crescimento e ambiente descolado, aos moldes do Vale do Silício, sendo considerada a primeira startup da história.

6 ARAÚJO, Henrique. "Conservadorismo, misoginia e extremismo na cultura gamer no Brasil", *O Povo*, 13 maio 2021.

Ao tomar o controle da Atari, a Warner enxotou os hippies maconheiros que compunham o catálogo da empresa. Chamou em seu lugar executivos para rentabilizar ainda mais os investimentos, impondo normas rígidas de trabalho. Assim, acabou dando um passo maior que as pernas, e a falta de qualidade dos títulos cansou e afastou os consumidores.

O resultado foi uma crise que virtualmente eliminou os consoles de videogame de seu país natal. O faturamento de 3,2 bilhões de dólares em 1983 caiu 97%, chegando a cem milhões de dólares em 1985.[7] A crise foi tamanha que a solução para o excesso de estoque foi literalmente enterrar cartuchos no deserto, mais exatamente em um aterro em Alamogordo, no estado do Novo México.[8] Jogos eletrônicos, em especial os consoles, foram vistos nos Estados Unidos como uma moda passageira, um livro de colorir daquela época.

Ledo engano. Tudo mudou em 1985, quando a japonesa Nintendo trouxe seu console para este lado do globo. Para não espantar pais e mercado, jurava de pé junto não vender um videogame, mas, sim, um "sistema de entretenimento Nintendo" (Nintendo Entertainment System — NES, na sigla em inglês). O garoto-propaganda era o hoje inescapável personagem Mario, o encanador protagonista do revolucionário jogo de plataforma *Super Mario Bros*.

Fundada em 23 de setembro de 1889,[9] a Nintendo especializou-se primeiro em atender o público infantil com

7 BOYD, Andy. "N. 3038: The Video Game Crash of 1983", *The Engines of Our Ingenuity*, 7 jan. 2016.
8 SMITH, Aaron. "New Mexico City Finds Buried Treasure of Atari Games", *CNN*, 1º set. 2015.
9 GEBEL, Meira. "25 photos of Nintendo's 130-year rise from a playing card company to fan-favorite gaming giant", *Insider*, 23 set. 2019.

brinquedos antes de entrar no segmento de jogos eletrônicos. Conseguiu disfarçar e convencer a América de que seu aparelho era melhor que as porcarias que a Atari vinha lançando. As crianças estavam seguras. Cem anos após sua fundação, a Nintendo lançou um videogame portátil e o batizou Game Boy — poderia ser Game Man, Game Person, Game qualquer coisa, mas fez questão de usar o termo *boy*, "garoto" em inglês.

Videogame encarado como "coisa de criança", sobretudo de menino, é uma percepção limitada, similar à percepção equivocada que paira sobre as histórias em quadrinhos. Essa ideia, ofensiva e burra, é uma das dissonâncias que podem explicar o isolamento da comunidade de jogadores.

×

Outro ruído é o entendimento de que videogames se resumem ao gênero de ação. Por mais que jogos como *Subnautica* (de mergulho em um planeta alienígena), *Wilmot's Warehouse* (sobre a organização de objetos em um estoque), *Bejeweled* (de quebra-cabeças), *NBA 2k21* (um simulador de basquete), entre muitos outros, apontem para outra direção, é inefável que há ênfase em uma abordagem mais enérgica no chamado *mainstream*, ou seja, com produções mais caras e de maior distribuição. É fato que franquias como *Call of Duty*, de tiro em primeira pessoa com ambientação militar, estão entre as marcas mais vendidas, mas estão longe de representar as possibilidades dos videogames. Cabe investigar por que as grandes produções apelam tão recorrentemente a esse gênero. A discussão se estende por outras linguagens. O que o videogame traz de diferente é a interação e o vínculo criado entre jogador e avatar. A relação de sobrevivência e superação provoca sensações profundas graças a esse elo. Matar ou morrer; matar ou game over. A isso se soma uma lógica de mercado que acostumou jogadores a verbos como lutar, socar e matar.

Acreditar que videogame só traz regozijo por meio de simulação de ação física, fantástica e violenta é tão improcedente quanto enxergar quadrinhos apenas como histórias de super-herói — eis aí mais um ponto de contato com essa linguagem. Há jogos (e talvez o vocábulo "jogo" confunda em alguns momentos) que miram sentimentos como tristeza, luto e melancolia e são enriquecedores em sentido amplo. Além dos exemplos anteriormente citados, *HyperDot*, *What Remains of Edith Finch* e *Firewatch* são outros títulos de uma imensa lista de jogos pacíficos.

Existe, sim, violência nos videogames, sobretudo nas grandes produções, mais voltadas para atender aos desejos de um público maior. Contudo, a brutalidade não é comportamento exclusivo dessa mídia. O uso de força física está espalhado por diversas narrativas; apresentar a agressão como ferramenta de solução de problemas é parte da cultura contemporânea. Aliás, a imensa maioria dos filmes campeões de bilheteria e laureados contém cenas de violência física e psicológica. *Era uma vez em Hollywood*, *O irlandês*, *Coringa*, *Bacurau*, *Parasita*, só para citar alguns destaques cinematográficos pré-pandemia, se enquadram nessa categoria.

Videogames espantam pela capacidade interativa. Uma coisa é assistir ao Joaquin Phoenix atuar como Coringa. Outra é o personagem responder aos comandos e às vontades de quem joga. O jogador é em parte responsável pelo que está acontecendo, vira quase um cocriador — o "quase" se deve à atuação restrita ao marco estabelecido pelo desenvolvedor, seja ele o dono "oficial" do jogo, seja um entusiasta que criou uma modificação (mod).

As características inovadoras espantaram a ponto de provocar um conflito político formal nos Estados Unidos. No começo dos anos 1990, os legisladores estadunidenses criaram uma espécie de CPI e pediram explicações aos desenvolvedores dominantes da época, Nintendo e Sega. Ameaçaram proibir os videogames por considerarem má influência para jovens, em consonância com o argumento de que os videogames fomentam a cultura da violência. Isso intimidou atitudes comuns dos jogadores, como expor e discutir sobre o hobby, tornando-o um *guilty pleasure*. Casos como o massacre de Columbine, quando dois jovens invadiram uma escola e mataram treze pessoas em 1999, colocam o videogame como bode expiatório para mazelas sociais, encobrindo assim temas historicamente espinhosos como o controle de armas de fogo. O Brasil também teve seus atritos. Em 2008, por exemplo, um mapa não oficial de *Counter-Strike* ambientando uma favela do Rio de Janeiro levou o jogo a ser censurado em todo o território nacional.

O receio de desentendimento contribui para que a comunidade de jogadores se feche, pois a sociedade defere grande tolerância a uma pessoa maratonando a série *Vikings* em uma tarde de domingo — ainda mais em tempo de isolamento social —, mas desconfia de alguém que passa o mesmo tempo imerso jogando *Hellblade: Senua's Sacrifice* ou *Valheim*, por mais que ambos lidem com elementos similares. "Jogar [...] geralmente é visto como perda de tempo que poderia ser gasto com o desenvolvimento de nosso 'capital humano' ou algum outro termo deprimente usado por gestores", escreve o sociólogo inglês Jamie Woodcock.[10]

10 WOODCOCK, Jamie. *Marx no Fliperama*. Trad. Guilherme Cianfarani. São Paulo: Autonomia Literária, 2020, p. 39.

Indo ao outro lado da ponte, o que faz tantas pessoas manterem joysticks em punho? Videogames satisfazem diversas necessidades humanas — este livro ajuda a elucidar algumas delas —, embora exista uma miríade de definições acadêmicas e vulgares que se sobrepõem, contradizem e expandem. Uma tentativa de capturar essa motivação fala em competência (a busca de controle de uma situação), autonomia (independência de ações) e relação (trato com os pares e a sociedade).[11]

Há um inegável tempero de vaidade no desejo de querer "mandar bem" em qualquer jogo. Os games potencializam esses aspectos. No arcade, quem jogava melhor ficava por mais tempo com a máquina, era uma exibição pública. O escore máximo de uma cabine do fliperama *Space Invaders*, lançado pela japonesa Taito em 1978, ficava exposto na tela, diante dos olhos de quem experimentasse a máquina depois. A pontuação de quem mais derrotou alienígenas voadores ficava gravada até que a máquina fosse desligada (o que costumava acontecer no fim do dia).

Esse conceito evoluiu para mostrar mais placares e até os autores das façanhas. Em títulos como *Asteroids* e *Cadillacs and Dinosaurs*, era permitido aos jogadores colocar três letras para identificar quem havia realizado o feito — a era paleolítica do que são hoje os rankings dos jogos competitivos ou ainda as conquistas das principais plataformas.

Pontuações e vidas ou chances limitadas foram exportadas para os consoles. O mundo do videogame era organizado dessa forma, era essa a visão de mundo. A transição das máquinas operadas por ficha para os aparelhos caseiros foi como a dos primeiros livros em tipografia. Para não espan-

11 REEVES, Ben. "Why we play: How our desire for games shapes our world", *Game Informer*, 20 nov. 2012.

tar o público acostumado a ler manuscritos, os impressores usavam fontes que simulavam a escrita manual. O desenho de jogos de fliperama perdeu sentido em termos de negócios nos consoles. Ao contrário das máquinas operadas por fichas, que em essência vendiam partidas, os games são comercializados uma vez só, como livros e discos, em tese sem a necessidade de criar restrição para concluí-los.

A pontuação foi gradativamente perdendo protagonismo nos jogos, que encontraram outras formas de manter a atenção e estimular os participantes. A exibição de cenas que fazem a narrativa avançar (as chamadas cinemáticas, ou *cutscenes*, em inglês) foi uma das recompensas dadas após a superação de obstáculos. O jogo com temática de zumbis *Resident Evil 4*, de 2005, por exemplo, só mostra uma fala do pirata anão Ramon Salazar após o jogador sobrepujar certas tarefas.

A velha lógica de pontuação virtual dos games foi absorvida com força total nas redes sociais. Há um placar para a quantidade de seguidores, número exibido geralmente na tela principal dos perfis, explicitando assim o autor do feito. Um vício. A pontuação é dada em forma de curtidas, compartilhamentos, comentários, sendo um tipo de reforço positivo importado dos videogames. É o centro de sua estratégia de sedução.

O espírito do fisiologista russo Ivan Pavlov (1849-1936), criador da teoria dos reflexos condicionados, oferece um delicioso biscoito para cada usuário que aguarda, ansioso, pelos resultados de uma postagem no Instagram. Ganhar ou pedir biscoito virou até gíria nas redes sociais, em uma explicitação do mecanismo.

A admiração das pessoas é mensurável, matemática. A sociabilidade agora é placar, é game. A cantora Ivete Sangalo é seguida por quase dezessete milhões no Twitter, sendo assim mais famosa que o colega Humberto Gessinger, com cerca de 164,3 mil.

Essa base influencia diretamente o contador mais importante das redes sociais: as reações às postagens. Digamos que a selfie de um usuário com mil seguidores obtenha dez curtidas. Caso tivesse mais seguidores, provavelmente obteria um resultado maior, pois mais pessoas seriam expostas ao conteúdo. Se tivesse tirado a foto de outro jeito — talvez de outro ângulo, em outra pose ou com um boné —, faria mais pontos? E se tivesse exposto mais o corpo e feito uma pose sensual? O feedback direciona o comportamento nas redes e serve de isca para nos prender a elas. Nesse sentido, o filme francês *Lindinhas* é mais esclarecedor que o documentário estadunidense *O dilema das redes*, ambos disponíveis na Netflix.

As plataformas estão imersas na lógica de mercado. Quanto mais tempo o usuário do Facebook fica dentro de suas diversas redes, mais anúncios o atingirão, portanto, mais dinheiro será gerado. Pela quantidade de interações é possível mensurar se o conteúdo postado é bom ou não, se merece ser mais disseminado nas redes.

Há uma brecha importante, no entanto, nessa lógica. As reações podem não ser um sinal de aprovação ao conteúdo. As pessoas respondem quando são provocadas, quando se deparam com extremos.

A partir dessas questões de ordem mecânica, de regras, limites e jogos, chegamos ao ambiente que proporcionou as chamadas fake news, desenvolvidas dentro de um marco digital em que todos somos consumidores, distribuidores e criadores de conteúdo. Mesmo que alguém queira compartilhar para apontar, com a melhor das intenções, que os fatos estão deturpados, isso conta como uma reação à realidade adulterada, ajuda a alastrar a mentira em forma de notícia.

A busca por brechas no sistema de regras integra a cultura do videogame. Os jogadores chamam de *cheese* [queijo] quando encontram um desbalanço que facilita a obtenção do objetivo. Nos Estados Unidos da virada do século XX, *cheese* significava "barato" (*cheap*) ou inferior. Nas comunidades de jogos competitivos, era visto como uma estratégia sem honra. Um exemplo: *Primal Rage*, jogo de luta dos anos 1990, tinha um sistema que impedia a repetição exacerbada de um mesmo movimento. Quando essa trava era ativada, passava a exibir um queijo e um sinal de proibido.[12]

O *cheese* das redes sociais foi detectado pelo marketing eleitoral, elegendo uma geração de políticos entendidos como outsiders, liberais, antissistema. Para propagar sua promessa de quebra de estruturas, abusaram de outra estrutura, a das redes digitais. Como sintetiza o documentário *Privacidade hackeada*, a empresa Cambridge Analytica explorou um terreno da propaganda política até então desregulamentado. A operação dessa companhia é antes amoral que ilegal. Houve demora das empresas proprietárias das redes sociais em fazer reparos — no fim das contas, elas estavam, sim, faturando, comprovando a eficácia de sua tecnologia na captura de dados de seus usuários.

É como se nos anos 1980 alguém tivesse encontrado uma maneira gratuita de entregar santinhos com precisão milimétrica. É contra a regra do jogo? Por mais que não leiam o extenso contrato, os usuários não concordam em ceder seus dados pessoais para serem alvos de publicidade em troca de benesses? Não é esse o preço a se pagar para ter acesso a mensagens instantâneas, envio de arquivos e fóruns de discussão? Não tem almoço grátis. Steve Ban-

12 BURY, Josu. "What is cheese? The evolution of gaming's most annoying strategies", *theScore esports*, 30 set. 2018.

non, o estrategista da campanha de Donald Trump à presidência dos Estados Unidos em 2016, entendeu. A sensação de risco de reprimenda ou proibição do hobby gera mágoa, algo explorado pela extrema direita. À frente do site *Breitbart*, Bannon captou esse sentimento, que percorria fóruns anônimos, ao colocar gamers contra feministas no caso conhecido como Gamergate[13] em meados dos anos 2010. Fez dos jogadores um exército político on-line, um campo de testes para as táticas da alt-right [direita alternativa]. Diante de redes sociais gamificadas, o estrago foi grande, até hoje estudado.[14]

A questão político-eleitoral é uma de muitas. Empresas de diversos segmentos também se aproveitam de furos no sistema, e é dessa forma que as pessoas se relacionam com as redes. A dinâmica dos videogames foi exportada para diversos aplicativos. O feedback da gamificação está presente nos apps usados para trabalhar, se comunicar, aprender, se locomover, se exercitar, paquerar, comer… a lista de verbos é tão extensa que o vocábulo é mais abrangente: viver. E o isolamento social enraizou ainda mais essa situação.

Daí a importância de se criar pontes com a cultura do videogame. É o jogo digital que escancara novos padrões onde o jogo social está inserido, é essa mídia quem fornece tecnologia, design e aprendizados para compreender algumas das ferramentas da vida contemporânea. É preciso trazer o videogame para o escrutínio público. Com sorte, dá para se divertir um bocado no processo.

13 VARELLA, João. "Por que a extrema direita se interessa tanto por videogames?", *Elástica*, 4 dez. 2020.

14 WARZEL, Charlie. "How an online mob created a playbook for a culture war", *The New York Times*, 15 ago. 2019.

Começando a jogar videogame[15]

Um meme mostra um rapaz jogando videogame. "Antes da quarentena", diz a legenda. Logo abaixo, exatamente a mesma imagem, agora com a frase "Durante a quarentena".

A piada, com um fundo de verdade, circulou nas redes sociais de jogadores no início do isolamento social. Assim como o audiovisual (a Netflix superou a marca de duzentos milhões de assinantes em 2020),[16] o consumo de videogames disparou na quarentena. O isolamento social propiciou a muitos também a chance de experimentar jogos mais complexos pela primeira vez. Diante da recomendação de especialistas de aprender coisas novas para estimular a mente e não cair na ansiedade,[17] acabamos por embarcar nesse novo passatempo.

O primeiro passo é entender quais plataformas estão à mão. É possível jogar em smartphone, tablet, computador, console, sendo os dois últimos os mais vocacionados às experiências imersivas. Porém, jogos como *PlayerUnknown's Battlegrounds* (PUBG) e *Genshin Impact* transitam livremente entre as plataformas com pouco prejuízo à experiência.

15 VARELLA, João. "Aproveite a quarentena por coronavírus para começar a jogar games", *Folha de S. Paulo*, 31 mar. 2020.
16 SÉRVIO, Gabriel. "Netflix ultrapassa a marca de 200 milhões de assinantes", *Olhar Digital*, 20 jan. 2021.
17 "Coronavírus: dicas de como se distrair na quarentena", *BBC Brasil*, 4 abr. 2020.

Quem pesquisar qual é a melhor opção pode se deparar com um linguajar indigesto. Jogos tendem a formar clubes.[18] Por mais que hoje o encontro presencial seja raro, ocorrem agrupamentos em comunidades virtuais. Consequência disso é a criação de um léxico próprio. O jargão não só é tomado do inglês (como o termo *quest*, ou, em português, missão a ser desempenhada), mas também aparece em siglas (DLC, por exemplo, significa *downloadable content*, conteúdo extra, uma expansão disponível para baixar) e contrações (*shmup* se refere à expressão *shoot'em up*, subgênero de ação em que se deve atirar em tudo e todos).

Esta jovem mídia de apenas meio século de idade, inserida na globalização desde o berço, adotou o inglês como idioma no Ocidente. Sites, podcasts influencers, entre outros que criam conteúdo sobre videogame, mencionam *build* (configuração ou personalização), *permadeath* (morte permanente, quando personagens são removidos do jogo ao serem derrotados), *runs* (partidas), *asset* (recursos que constituem o jogo, como modelos, ilustrações, sons, texturas, entre outros). O uso do *english* é feito sem constrangimento *at all*, por mais que existam equivalentes acessíveis em português ou que alguns possam ser criados. Por que não chamar o gênero *bullet hell*, quando a tela é tomada de projéteis, de "chuva de balas", "saraivada", "tiro-tiro" ou algum outro coelho tirado da cachola dos comunicadores? Para complicar ainda mais, de vez em quando um ou outro termo é tomado do japonês. Não por coincidência, os dois países dominantes na produção de games são Estados Unidos e Japão. É o poderio econômico influenciando os atos

18 HUIZINGA, Johan. *Homo Ludens*. Trad. João Paulo Monteiro. São Paulo: Perspectiva, 2018.

mais básicos da cultura, da fala, da socialização. *Soft power* com cara de *hard*.

Não é exclusividade do videogame. As plataformas de streaming estão tomadas por enlatados propalando a cultura estadunidense, com um ou outro seriado local só para cumprir cota. O mercado literário coloca constantemente na lista dos mais vendidos traduções do inglês. Até o design gráfico local bailou na curva — é comum que best-sellers tenham a mesma capa em todo o mundo, apenas com o título vertido. Palavras como *cringe* [embaraçoso] e *awkward* [estranho] são usadas nas redes sociais com galhardia por usuários antenados.

Curiosamente, a tensão linguística não está resolvida nem no mais essencial: é "video game", conforme o *Houaiss*, ou "videogame", como preconiza o *Volp* (Vocabulário Ortográfico da Língua Portuguesa)? Prefiro a segunda grafia, não só pelo Volp ser considerado o vocabulário oficial reconhecido pela Academia Brasileira de Letras, mas pelo fato de que uma palavra única reflete com maior precisão a singularidade do meio.

Por mais que opções de idioma e legenda estejam disponíveis, os títulos dos jogos não são traduzidos, gerando até momentos embaraçosos nas narrativas. Quem jogou *Death Stranding* em português se deparou com um monólogo a respeito do vocábulo *strand* (que, conforme o dicionário *Michaelis*, apresenta uma amplitude de acepções, como substantivo ou verbo: "dar na praia", "encalhar", "fracassar", "fio de linha", "desatar"). Vendo o lado cheio do copo, é uma ótima forma de exercitar outro idioma — dá para jogar *Halo 4* com áudio em francês e legenda em espanhol, por exemplo. A relação entre ensino de idiomas e videogame é tão inata no Brasil que veio de um game brasileiro uma inovação nessa área. Em *Dodgeball Academia*, do estúdio paulista Pocket Trap, há um modo de aprendizado que facilita a inserção e a remoção de legendas com o toque de um botão. Vendo o lado vazio, a facilidade com que termos estrangeiros se instauram entre os jogadores brasileiros é mais uma amostra "de baixa autoestima linguística, problema inseparável da educação capenga, da alfabetização precária e de pífios índices de leitura".[19]

Se fizermos uma relação entre vocábulo e desempenho, chegaremos à famosa gíria "game over", o símbolo da maior barreira dos iniciantes. Pode parecer banal, mas jogar é lidar com a frustração da derrota, escrachada em tela. Um chute no ego, às vezes até nos jogadores mais rodados. A necessidade de habilidades motoras constrange. Muitos jogos colocam raciocínio e reflexos à prova. Se falhar, dá para repetir, mas é frustrante. Às vezes, o jogador trava, o que é pouco usual em outras mídias.

Pense em uma adaptação para videogame do filme *Iluminado*. Imagine que o jogador controla Wendy (interpretada por Shelley Duvall) na famosa cena *"Here's Johnny"*, em que Jack Torrance (Jack Nicholson) a persegue com um machado. Quando se vê encurralado no banheiro, o jogador precisa procurar a faca com alguns comandos e depois apertar um botão no momento certo para ferir a mão do vilão. Não fez direito? Morreu, tem que fazer de novo. E assim será até que o espectador (que agora atende por jogador) consiga executar a tarefa. A narrativa se detém, pede a participação ativa do jogador para continuar fluindo. A adaptação de *Iluminado* para os games (infelizmente) nunca ocorreu, mas dá para experienciar a diferença do jogar em títulos baseados em *A bruxa de Blair*, *The Walking*

19 RODRIGUES, Sérgio. "Linguisticamente (final)", *Folha de S. Paulo*, 10 fev. 2021.

Dead, *O senhor dos anéis*, entre muitas outras narrativas originárias de filmes, livros e quadrinhos.

É o que acontece comumente nos jogos. O jogador se aproxima, dá passos em direção à cocriação. Em certa medida, ele é um pouco o ator interpretando uma cena de um roteiro ou um estudante de música tocando um instrumento diante do professor. São comparativos com certa dose de imprecisão, cada um com um conjunto de divergências e convergências da posição costumeira das outras linguagens — o espectador de cinema ou o ouvinte de um disco. Jogador é ativo, precisa ir além da tarefa de atribuir sentidos. No entanto, nunca é demais reforçar: criação dentro dos limites estabelecidos pelo jogo, mas há casos em que as fronteiras caem.

×

Sem querer afundar demais em um pântano de discussões teóricas (mas já que cá estamos...), videogame é permeável à cocriação ou coautoria em toada de remix nos mods, as modificações nos jogos, sendo parte da cultura gamer dos PCs. Mods de jogos como *The Elder Scrolls V: Skyrim* proporcionam experiências distintas daquelas desenvolvidas oficialmente. E ainda há casos de jogos com poderosas ferramentas de criação. É o caso do editor de mapas de *Warcraft III*, incubadora do gênero Multiplayer Online Battle Arena (Moba), de *Dota 2* e *League of Legends*. Em princípio, são criações não remuneradas, feitas espontaneamente por fãs.

Existem também situações em que a criação sai do controle. Um exemplo é a doença virtual que em 2005 abalou o *World of Warcraft*, então um jogo com quatro milhões de usuários. O incidente no RPG on-line causou uma "pandemia virtual" que dizimou exércitos de jogadores. Os personagens ficavam contaminados e espalhavam a doença ao ressuscitar. O caso gerou pesquisas científicas que podem ajudar no combate a pandemias como a da covid-19.[20] Um método usado por epidemiologistas para mensurar o contágio de uma doença é contar quantas novas infecções se originam, em média, a partir de um infectado. Esse é o número básico de reprodução, abreviado como R0 (R nulo ou R zero). O R0, no caso de *World of Warcraft,* foi estimado em dez. O Instituto Robert Koch, da Alemanha, estimou que o número básico R0 do Sars-CoV-2 estivesse entre 2,4 e 3,3 no início da pandemia.[21]

×

Voltando a experiências mais gerais, a sensação de falha é dura, a tela de game over nem sempre cai bem. A dificuldade é ainda incrementada pela evolução da mídia. Uma década faz os games mudarem em termos de design, mecânica, visual, filosofia. Em parte, isso se deve à evolução tecnológica de hardwares e softwares — videogame é campo profícuo para esse desenvolvimento, pondo à prova as invenções mais recentes. Trocando em miúdos, um craque da era do fliperama pode ser um perna de pau em *Call of Duty*.

A sensação de não pertencimento por falta de aptidão vale para outros âmbitos. Quantas pessoas evitam visitar um museu por não entender as obras? Quantos se sentem incomodados em livrarias por se sentir incapazes de reconhecer os autores? O videogame eleva esse sentimento ao máximo

20 VARELLA, João. "Mais que uma gripezinha: relembre a praga que assolou *World of Warcraft*", *Start* UOL, 28 abr. 2020.
21 CARTHAUS, Anna. "Coronavírus: o que é o número de reprodução R?", *Viva Bem* UOL, 12 maio 2020.

ao manifestar a derrota em tela. É preciso aprender a lidar com o fracasso, possibilitando tirar lições importantes disso.[22]

A memória muscular dos comandos se desenvolve na prática. Cada jogo tem uma curva de aprendizado, assim como o videogame em si. Se for necessário apertar o botão X do controle, os experientes fazem naturalmente; os novatos terão de procurar, dar aquela pescada. É como aprender a dirigir: uma hora o motorista passa a trocar de marcha quase sem pensar, vira um hábito.

Se o game over desestimula, há jogos como *Tacoma, Animal Crossing* e *Journey* em que não há como perder. No máximo, o jogador empaca em uma parte, mas, quando fica muito complicado, a internet tem a resposta — produtores de conteúdo para o YouTube ou sites especializados provavelmente já postaram um passo a passo.

Muitos títulos oferecem opções de acessibilidade, sendo a regulagem da dificuldade a mais típica. Jogos como *Celeste* disponibilizam um modo de ajuda para a pessoa escolher as facilidades. O ideal é equilibrar entre o intransponível e o entediante, chegar até o chamado *flow* (ver mais em "*Tetris Effect: Connected*", na parte 6, p. 121).

A pressão aumenta quando há outras pessoas ao redor, mesmo nos títulos não competitivos. Sendo o videogame uma mídia interativa, é quase inevitável ouvir pitacos de quem está do lado: vendo ou jogando junto, é o coro da tragédia grega exacerbando os sentimentos. Vale "pula, pula agora", "vai lá", "chuta pro gol", entre outros. É parte da graça.

É possível reunir uma galera para jogar ou interagir com desconhecidos em partidas on-line. No entanto, o ambiente virtual oferece anonimato, componente não

22 O livro *Reality is Broken* [Realidade dissolvida] (2010), de Jane McGonigal, aborda com profundidade esse tópico.

desprezível. Essa característica, somada ao sangue quente da competição, propicia uma atmosfera de desaforos pesados. Obras que reúnem milhões, como *League of Legends*, contam com sistemas de punição para quem perde a linha. Não que isso sirva de consolo depois que os impropérios são absorvidos. O jeito é não dar bola.

Videogame é uma mídia diversa, tanto na estética quanto na jogabilidade. Trailers, testes de demonstrações gratuitos e resenhas ajudam a não errar. Não que existam garantias — atire o primeiro livro quem nunca errou em uma escolha de leitura. Também vale atenção à classificação indicativa sempre que a jogatina envolver crianças e adolescentes.

O problema passa a ser o excesso de oferta. Tem para jogar em família (*Overcooked*, *Mario Kart*, *Crash Team Racing*, *Mario Party*), on-line com amigos (*Halo*, *World of Warcraft*, *Gears of War*), sozinho (*Limbo*, *The Last of Us*, *Ori*), para se exercitar (*Just Dance*, *Fitness Boxing*, *Dance Central*) etc.

Se o fator econômico pesar, há serviços de assinatura, como o Game Pass, Apple Arcade e EA Play. Aos que preferem evitar desembolsos, há gratuitos como *Warframe*, *Brawlhalla*, *Paladins*, *Fallout Shelter* e *Hearthstone*. Esses games adoram o modelo F2P (*free to play*), financiados por compras dentro dos games. Tem para todo mundo.

Gameconomia

Costuma ser empobrecedor empregar argumentos econômicos em uma discussão de valência artística, ou seja, determinar a qualidade expressiva de um artefato cultural específico em razão de seu desempenho comercial. Como o videogame é uma mídia produzida eminentemente por empresas, é negacionismo fútil qualquer tentativa de desviar dessa questão, já que ela influencia o processo de criação. O capitalismo molda as decisões tomadas na elaboração dos jogos. Não contemplar a influência que o financeiro exerce sobre a mídia deixa a discussão capenga.

Videogame é a indústria do entretenimento mais valiosa e a que mais cresce no mundo. O segmento aumentou seu faturamento em 20% em 2020, atingiu 180 bilhões de dólares.[23] O valor supera o mercado global de cinema — 101 bilhões de dólares em 2019 — e de música — vinte bilhões de dólares — combinados.[24]

Olhando do ponto de vista do resultado financeiro, a pandemia fez bem ao videogame. A covid-19 passou a ser entendida como inescapável pela indústria dos games quando a Electronic Entertainment Expo, popularmente

23 WITKOWSKI, Wallace. "Videogames are a bigger industry than movies and North American sports combined, thanks to the pandemic", *MarketWatch*, 22 dez. 2020.
24 VARELLA, João. "Entenda por que games não são bolha alienada e já moldam a política", *Folha de S. Paulo*, 11 jan. 2021.

conhecida pela abreviação E3, foi cancelada. É o momento mais importante do mercado, uma espécie de desfile de escola de samba do videogame, com as principais produtoras apresentando um show no palco do evento com o que está por vir. Geração de hype à moda estadunidense, com palestra-show no estilo de Steve Jobs e apresentações ao vivo que o povo que curte intervalo do Super Bowl, Oscar e musical da Broadway tanto consome. Os jogadores acompanham pela internet, assistindo à reação ao vivo de seu influenciador favorito, comentando no chat, fazendo postagens nas redes sociais.

Uma das empresas frequentadoras da E3 era a Bethesda, dona de propriedades intelectuais de peso como *Doom*, *The Elder Scroll*, *Quake*, *Wolfenstein*, *Fallout*, *Dishonored*. A ZeniMax Media, controladora da Bethesda, foi comprada por 7,5 bilhões de dólares por outra figurinha carimbada no palco da exposição, a Microsoft. Foi a segunda maior aquisição da história dos videogames, perdendo apenas para os 8,6 bilhões de dólares gastos pelo conglomerado de mídia chinês Tencent ao adquirir, em 2016, a finlandesa Supercell, desenvolvedora de *Clash of Clans* e *Clash Royale*.[25]

Não foi a única aquisição do ano. A Codemasters, especializada em jogos de corrida, foi comprada pela Electronic Arts (EA) por 1,2 bilhão de dólares.[26] A EA superou outra interessada no negócio, a Take-Two.[27] A Daybreak Games, de *DC Universe Online*, foi comprada pela Enad Global 7

25 CARSTEN, Paul; ROSENDAHL, Jussi & ANDO, Ritsuko. "China's Tencent buys *Clash of Clans* maker supercell for $8.6 billion", *Reuters*, 21 jun. 2016.

26 "EA anuncia compra da Codemasters por US$ 1,2 bilhão", *Globoesporte*, 14 dez. 2020.

27 "EA supera Take-Two e comprará Codemasters por US$ 1,2 bi", *Forbes*, 14 dez. 2020.

(EG7) por trezentos milhões de dólares;[28] a Piranha Games, de *MechWarrior 5: Mercenaries*, foi comprada pela mesma EG7 por 24,1 milhões de dólares.[29] O conglomerado chinês Tencent (guarde esse nome) fez 31 investimentos e aquisições, sendo 23 em seu país,[30] três vezes mais que no ano anterior.[31] Esses são alguns dos quatrocentos investimentos em videogame identificados em 2020.[32] O ritmo se manteve no ano seguinte. A Gearbox, da série Borderlands, foi comprada pelo Embracer Group por 1,3 bilhão de dólares.[33] A Epic Games (braço da Tencent) comprou a Mediatonic, estúdio de *Fall Guys*.[34] A EA comprou a Glu Mobile, especializada em jogos de celular, por 2,4 bilhões de dólares;[35] a HP, famosa pelas impressoras, adquiriu a HyperX, de acessórios para jogos, por 435 milhões de dólares.[36] Movimentos de concentração do capital chegaram até o Brasil com a aquisição da Kabum, varejista especializada em equipamentos para computadores de

28 SINCLAIR, Brendan. "EG7 acquires Daybreak", *GamesIndustry.biz*, 1º dez. 2020.

29 SINCLAIR, Brendan. "Piranha Games acquired by Enad Global 7", *GamesIndustry.biz*, 25 nov. 2020.

30 "Niko Partners — 19 Years of Powering Insights", *Niko Partners*, 20 jan. 2021.

31 BATCHELOR, James. "Tencent made record number of games M&A deals in 2020", *GamesIndustry.biz*, 22 jan. 2021.

32 DRING, Christopher. "Games industry investment jumped 77% to $13.2 billion in 2020", *GamesIndustry.biz*, 4 fev. 2021.

33 CLAYTON, Natalie. "Gearbox has been bought by Embracer Group in $1.3 billion deal", *PC Gamer*, 3 fev. 2021.

34 MAGALHÃES, Bruno. "Epic Games anuncia compra do estúdio de Fall Guys; saiba o que muda", *Techtudo*, 2 mar. 2021.

35 "EA compra Glu Mobile por US$2,4 bi e amplia aposta em jogos", Reuters, 9 fev. 2021.

36 LYLES, Taylor. "HP is buying gaming accessory brand HyperX for $425 million", *The Verge*, 24 fev. 2021.

videogame, pela Magazine Luiza por aproximadamente 3,5 bilhões de reais.[37]

À medida que os orçamentos de jogos crescem e o custo para obter usuários aumenta, estúdios menores são adquiridos. É uma manobra para as grandes empresas ampliarem a oferta em um mercado consolidado, que se dirige a um modelo de assinaturas e serviço, o que demanda maior quantidade de conteúdo. E não há muitas empresas com capacidade de manter lançamentos de porte em periodicidade regular. Engana-se quem pensa que basta ter dinheiro para criar um jogo relevante. A trilionária Amazon não conseguiu impedir que *Crucible*, seu jogo gratuito on-line, fosse um fiasco.[38] Ele foi "deslançado", voltou a ficar fechado ao público algumas semanas depois de ser disponibilizado, para finalmente ser cancelado.[39] Outro jogo da Amazon, *New World*, teve sucessivos atrasos.[40] Quando uma versão beta foi finalmente lançada, já em 2021, havia um interesse inédito na curta história dos games da Amazon.[41] O jogo chegou a reunir mais de seiscentos mil jogadores simultâneos em seu lançamento, no fim de setembro de 2021.[42]

37 FILIPPE, Marina. "Magazine Luiza compra KaBuM! por cerca de 3,5 bilhões de reais", *Exame*, 15 de julho de 2021.
38 VARELLA, João. "*Crucible*, primeiro game da Amazon, tem pitadas de *Fortnite* e *Dota*", *Folha de S. Paulo*, 19 maio 2020.
39 PETERS, Jay. "Amazon has canceled *Crucible*, its free-to-play multiplayer shooter that had already been returned to closed beta", *The Verge*, 9 out. 2020.
40 VAN ALLEN, Eric. "Amazon delays *New World* again", *GamesIndustry.biz*, 16 fev. 2021.
41 PURCHESE, Robert. "There's a real buzz about Amazon's New World MMO". Eurogamer, 29 jul. 2021.
42 SCHARNAGLE, Jessica. "*New World* peaks at over 600,000 concurrent players on day one—and it's still growing", *Dot Esports*, 28 set. 2021.

O Google é outra empresa que almejava fazer jogos próprios, mas o plano morreu na casca.[43]

Outra justificativa para as movimentações de altas somas é a aceleração do processo de digitalização da economia e cultura. As grandes empresas de tecnologia (*Big Techs*) faturaram como nunca,[44] e o videogame é a linguagem artística que melhor dialoga com esse horizonte, acompanhando a alta. A Steam entregou 25,2 exabytes em 2020 (um exabyte equivale a um bilhão de gigabytes).[45]

No entanto, os independentes e pequenos estúdios ganharam um incentivo por meio de motores mais acessíveis. Motor (mais conhecido como *engine*) é um software que já oferece uma série de facilidades para se criar um jogo: é como se fosse um chassi, uma base para a criação. Dona do motor Unreal Engine, usado em jogos como *Conan Exiles*, *Dragon Ball Z: Kakarot* e *Valorant*, a Epic Games passou a abrir mão dos royalties até o jogo atingir um milhão de dólares em faturamento. Antes, os desenvolvedores tinham de pagar 5% da receita a ela.

Aliás, a força política e econômica da Epic é notória, o maior símbolo da consolidação chinesa nos videogames. Financiada pela Tencent, a empresa fornece um jogo grátis (ou mais) por semana em sua loja, a Epic Store, desde a inauguração, no fim de 2018. Entre as regalias estavam grandes produções (*Watch Dogs 2*) e joias independentes

43 GARTENBERG, Chaim. "Google is shutting down its in-house Stadia game development studios", *The Verge*, 1º fev. 2021.

44 NÓBREGA, Ighor. "Big techs lucraram mais de R$ 1,1 trilhão em 2020", *Poder360*, 6 fev. 2021.

45 GRUBB, Jeff. "Steam customers purchased 21.4% more games in 2020 than in 2019", *VentureBeat*, 13 fev. 2021.

(*Inside*). De dezembro de 2018 a setembro de 2019, a ação custou 11,6 milhões de dólares aos cofres da empresa.[46]

O número foi revelado porque a Epic peitou a poderosa Apple ao pedir uma revisão da política de comissão da loja do iPhone, uma batalha que se alastrou pelo sistema judiciário de diversos países.[47] Se o nome da Epic não parecer familiar, seu jogo mais famoso é inescapável: *Fortnite*.

A disputa mobilizou gigantes como a Microsoft. Acusada pela Apple de estar por trás do processo,[48] a empresa dona do Windows aproveitou a deixa para reduzir a comissão de sua loja virtual.[49] Temendo ser atingido no tiroteio, o popular metaverso Roblox passou a omitir a palavra "jogo" e a descrever seu conteúdo como "experiências".[50] Grandes empresas se mexendo, estrelas idem. Neymar, Anitta, Pabllo Vittar foram algumas das celebridades a aderir às transmissões ao vivo de games em redes sociais como a Twitch, da Amazon. Facebook e YouTube são outros que lutam pelo naco dos streamers.

46 MCWHERTOR, Michael & GOOD, Owen S. "Here's what Epic Games Store paid for those 'free' games", *Polýgon*, 3 maio 2021.
47 POP, Valentina. "Epic Games files antitrust complaint against Apple in Europe", *The Wall Street Journal*, 17 fev. 2021.
48 KLEINA, Nilton. "Apple acusa Microsoft de estar por trás do processo da Epic Games", *Tecmundo*, 21 maio 2021.
49 TASSI, Paul. "Microsoft Adopts Epic's 88-12 Revenue Split On PC In An Indirect Move Against Apple", *Forbes*, 29 abr. 2021.
50 ROBERTSON, Adi. "Apple said Roblox developers don't make games, and now Roblox agrees", *The Verge*, 14 maio 2021.

Enquanto isso, se aproximando do consumidor médio, houve um aumento da venda de videogames antigos como PlayStation 3 e Xbox 360[51] em sites de classificados no Brasil.

Os consoles são como aparelhos de barbear, algumas vezes vendidos até com um pouco de prejuízo. O objetivo é remover a barreira e facilitar a entrada do consumidor. O lucro vem da venda regular de lâminas, que, no caso da indústria do videogame, são os jogos. A seguir, analiso alguns dos principais lançamentos durante a pandemia.

51 BALBI, Clara *et al.* "Viver a cultura em 2021 terá sensação de 'déjà-vu', pelo menos até vacinação ampla", *Folha de S. Paulo*, 31 dez. 2020.

Parte 2

JOGOS COMO PLATAFORMAS SOCIAIS

Doom Eternal[52]

A pandemia era uma realidade em 20 de março de 2020. O presidente Jair Bolsonaro minimizou a gravidade da covid-19: "Não vai ser uma gripezinha que vai me derrubar".[53] Naquela altura, a doença havia matado dez mil pessoas no mundo, onze no Brasil. O número de casos chegava a 904. Luiz Henrique Mandetta, então ministro da Saúde, avisava que o número cresceria exponencialmente e que o sistema público de saúde entraria em colapso.

A data marcou também a chegada de dois jogos de animosidade opostas. De um lado estava *Doom Eternal*, parte de uma franquia que se recusa a amadurecer. O mais recente game da série manteve a ação e a estética brucutus que há três décadas a caracterizam. Novas armas, recursos e inimigos adicionam complexidade ao tiroteio frenético, exigindo ainda mais das sinapses do jogador.

A origem de *Doom* remonta ao começo da década de 1990, momento em que os videogames chegavam à adolescência, tanto em relação ao público-alvo quanto à aparência. Jogos passaram a ser mais radicais (para usar um termo da época), com doses exageradas de violência. Um dos títulos mais prestigiados era justamente esse jogo. Com um protagonista sem nome, foi o grande responsá-

52 VARELLA, João. "*Doom Eternal* é antiquado, mas é boa continuação do jogo", *Folha de S. Paulo*, 20 maio 2020.

53 "Bolsonaro: 'Depois da facada, não vai ser uma gripezinha que vai me derrubar'", *O Antagonista*, 20 mar. 2020.

vel por popularizar o tiro em primeira pessoa, com câmera subjetiva. Tanto é que, antes da denominação *first person shooter* [atirador em primeira pessoa] (FPS), esse estilo foi referido como "tipo *Doom*".

A influência não era só da mecânica. O clima de quarto de adolescente metaleiro satânico, com música pesada, pentagramas e cabeça de bode, compunha uma atitude transgressora, tão influente quanto a câmera. *Heretic*, *Duke Nukem* e *Turok* são alguns exemplos que beberam dessa fonte (de sangue do capiroto).

O tempo passou e os FPS seguiram outra estrada narrativa depois de *Half-Life*, de 1998. Passaram também a emular grandes conflitos militares, históricos ou fictícios (como em *Call of Duty* e *Battlefield*). Cobertura, recarregamento, coice da arma foram alguns dos elementos adotados, brecando o frenesi, exigindo um pouco mais de cérebro.

A Bethesda, dona da marca *Doom* e que seria no fim de 2020 comprada pela Microsoft, como mencionei no capítulo anterior, surpreendeu o mundo em 2016 com uma nova versão do jogo. Atualizou com êxito a pegada "vai, vai, vai". Não tem botão de mirar ou correr — o personagem está sempre pronto para atirar, sempre acelerado.

Doom Eternal mantém a falta de sutilezas e incrementa o nível estratégico. Mais que nunca, é preciso se mover para reabastecer armas e armadura. Os campos de batalha parecem parques temáticos, com propulsores, portais, caixas, barris explosivos. Um paintball turbinado. Os demônios são assustadores? Sim, mas a proposta é o jogador atuar como predador, já que ficar na defensiva é inviável. Também foram adicionadas camadas intrincadas à ação. Os inimigos passaram a ser vulneráveis a determinados armamentos e com pontos fracos. Mesmo com a agitação bárbara, é preciso atenção à munição e à armadura.

Em tese, estão reunidos os ingredientes de um jogo patético. Isso é evitado pelo bom humor, o jogo ri de si — característica que faz falta em *Darksiders*, outro que parece saído da mente de headbangers entusiasmados. Alguns dos itens espalhados pelo cenário de *Doom Eternal* são bonecos. O jogo é isso, a realização em videogame do Comandos em Ação.

As fases põem no caminho plataformas flutuantes, barras de fogo, cenários de gelo, itens coloridos. Nada a dever a um jogo do Mario. O *Doom 2016* tinha certo pudor em abraçar a filosofia e a estética antiquada de fliperama, por isso tentava ser mais realista e plausível. Ao mesmo tempo, e por mais que soe contraditório, o game investiu em uma história profunda envolvendo uma batalha com o inferno. É um Juntos e Shallow Now que deu certo ao unir enredo sério com galhofa mecânica sem explicação.

Quem quiser pode prescindir de ler a narrativa espalhada pelos cenários — afinal, *Doom Eternal* ainda é *Doom*. "A história num game é como a história num filme pornô, esperamos que esteja lá, mas não é importante", disse John Carmack,[54] um dos criadores do *Doom* original.

Escapista, brutal e intenso, era estranho jogar *Doom Eternal* em pleno período de início de pandemia. E quer saber? Para dias esquisitos em que o ócio ajuda, matar uns demônios ao som do instrumental de Pantera e Rage Against the Machine foi uma opção digna de válvula de escape. No entanto, esse jogo lida com sensações comumente encontradas na modalidade AAA, jargão para grandes produções, os blockbusters do videogame. O jogo da

54 KUSHNER, David. *Masters of Doom: How Two Guys Created an Empire and Transformed Pop Culture*. Nova York: Random House, 2003, p. 105.

Bethesda mira a adrenalina como muitos outros, inclusive da própria desenvolvedora, já fazem. O jogador que buscou algo diferente para a pandemia abraçou com muito mais entusiasmo o outro lançamento da mesma data, no outro polo anímico: *Animal Crossing: New Horizons*.

Animal Crossing: New Horizons[55]

Em tempos de quarentena e distanciamento social impostos pela pandemia de covid-19, o mundo ficou sem cinema, sem teatro, sem shows, condição essa encontrada em uma típica cidade do interior do Brasil. O jeito foi escapar para a ilha virtual de *Animal Crossing: New Horizons*. O game havia sido anunciado para 2019. Postergado, chegou no momento mais adequado possível em que o mundo clamava por paz de espírito diante de riscos severos para a saúde.

Vendeu 2,6 milhões de cópias físicas em dez dias no Japão. No ano, foram 6,4 milhões de unidades só no país de origem. Para se ter uma ideia, o segundo mais vendido foi *Ring Fit Adventure*, com 1,6 milhão de unidades.[56] Em todo o mundo, foram mais de 31 milhões de cópias em 2020.[57] Lançado para o console Switch, da Nintendo, *Animal Crossing: New Horizons* superou concorrentes famosos como *Super Smash Bros. Ultimate* e *Pokémon Sword/Shield*.[58]

55 VARELLA, João. "'Animal Crossing' vira o game da vez ao oferecer ilha da fantasia para confinados", *O Globo*, 22 abr. 2020; VARELLA, João. "Jogar *Animal Crossing: New Horizons* me faz aproveitar o isolamento social", *Start UOL*, 10 abr. 2020.

56 DRING, Christopher. "Nintendo Switch accounted for 87% of consoles sold in Japan last year | Japan Annual Report", *GamesIndustry.biz*, 15 jan. 2021.

57 ORLAND, Kyle. "Why *Animal Crossing: New Horizons*' 31 million sales are so incredible", *Ars Technica*, 2 jan. 2021.

58 SINCLAIR, Brendan. "*Animal Crossing: New Horizons* sales top 2.6m in Japan", *GamesIndustry.biz*, 7 abr. 2020.

O impacto prático disso pode ser visto entre os influenciadores. Acostumados a tutoriais de maquiagem, os mais de 2,6 milhões de seguidores da youtuber Karen Bachini acompanharam um bafônico desfile de drag queens, com participantes sem roupa, fotos indiscretas e looks arrasadores, do gótico-coronavírus à bailarina punk. Karen Land, o local do desfile, não está em Nova Friburgo, onde Bachini nasceu, nem em São Paulo, onde mora. O evento aconteceu dentro de *Animal Crossing: New Horizons*.[59]

No jogo de ares cartunescos, cada jogador cria um personagem e ganha uma ilha para personalizar. Em um mundo amedrontado pelo vírus, sem capacidade de planejamento até em curto prazo, o game promoveu uma bem-vinda sensação de controle, uma rotina com nível aceitável de serendipidade. Uma vida que lembra aquela pré-covid-19. Há rituais e rotinas, como os primeiros recados do dia dados por um personagem, deixando o jogador a par das evoluções e dos acontecimentos.

Sem pressão, há liberdade para escolher as tarefas. Em vez do típico começo, meio e fim, o jogador não é obrigado a seguir um objetivo. Cada um se relaciona com o título do jeito que bem entender. Não há punição para erros nem a temida tela de game over. Também não há tensão de nenhuma natureza, seja sexual, econômica, securitária ou sanitária. Uma utopia, diriam alguns.

Mais ou menos. A ilha tem cara de colonização. O agiota Tom Nook encarna o capitalismo, com sua sanha desenvolvimentista e crédito farto para transformá-la em uma cidade próspera. Sem pânico, não há boleto, juros ou

59 "Karen drag race! Fiz meu programa de TV favorito!", canal Karen Bachini, YouTube, 12 abr. 2020.

prazo para o pagamento. As ofertas de Nook servem de norteador de objetivos para quem não encontrou o seu.

Na ilha vivem animais antropomorfizados, como a coruja museóloga Blathers, o próprio Nook, que é um guaxinim, e Isabelle, a mais conhecida personagem da série, um cão com um coque no topo da cabeça. O jogador é o único humano.

Uma característica de *Animal Crossing* é que o tempo diegético (que corre dentro da narrativa) é o mesmo do mundo real. Se o relógio marca 16h20 aqui, é o mesmo horário no game; noite aqui, noite lá. Certas tarefas pedem tempo. Uma árvore pode levar alguns dias para crescer — rápido, se comparado à realidade, demorado para o imediatismo de grande parte dos jogos. Quando a tenda central onde se passa grande parte do planejamento inicial entra em reforma, uma série de serviços fica indisponível por um dia inteiro, real e virtual. Na maioria dos outros jogos, *Dying Light* por exemplo, para fazer um dia passar, bastaria encontrar uma cama e dar o comando de dormir. No caso de *Animal Crossing*, não só se pede como se impõe calma e paciência.

O calendário também é sincronizado. Isso significa que os habitantes do hemisfério Sul estão no verão durante o mês de janeiro, enquanto os jogadores do hemisfério Norte estão no inverno, ambos lidando com as devidas mudanças de fauna e flora. No entanto, há quem engane o sistema alterando o relógio do console — atitude que beira o incompreensível, já que não dá para zerar *Animal Crossing*, não há estímulo à competição, sendo a recompensa o caminho. Talvez a culpa seja da própria mídia. A maioria doutrina o jogador a adotar uma atitude pragmática com foco no desempenho, ser o melhor possível.

No começo da jornada, quase não há o que fazer a não ser se familiarizar com as regras e os elementos ao redor.

É preciso esperar, o jogo abre suas possibilidades com parcimônia, não há um comando mirabolante a ser acionado. A falta de recursos limita, o tutorial se arrasta literalmente por dias. Depois, o ritmo é ditado de acordo com os interesses do protagonista.

Com jogabilidade simples, sem exigência de reflexos apurados, é possível desfrutar de atividades como pesca, jardinagem e caça a presentes voadores amarrados em balões que surgem na ilha de vez em quando.

O reforço positivo constante e facilitado pode incomodar. A manipulação é descarada. Basta meia dúzia de gravetos para fazer uma vara de pescar. Outra forma de enxergar a relação com o tempo de *Animal Crossing* é que se trata de um universo constante, em paralelo, ao estilo de um *massively multiplayer online role-playing game* (MMORPG), um tipo de jogo de permite a criação e a representação de personagens on-line, como em um RPG de mesa tradicional. No entanto, a filosofia lembra mais a de um jogo de celular, com incentivos para acessar diariamente em pequenas doses.

Ele também não tem microtransações com dinheiro real, por mais que o contexto encaixe como uma luva para essa forma de gerar receita. A versão para celular, *Animal Crossing: Pocket Camp*, tem sua fruição prejudicada por esse modelo de negócios. Quando o jogador se depara com um inconveniente sinal de cifrão, daqueles que aparecerão na fatura do cartão de crédito, fica evidente que não dá para baixar a guarda.

O primeiro *Animal Crossing* foi lançado em 2001 para Nintendo 64. Era a época da estética hoje referida como lowpoly, quando os jogos em 3D tinham que se virar com poucos polígonos, os planos que compõem objetos tridimensionais. As formas nesse período lembram origamis.

Do primeiro jogo da franquia ao mais recente, são perceptíveis os passos à frente, sem se esquecer do passado, do já construído, um equilíbrio entre progresso e tradição.

O grande diferencial da versão atual em comparação à original é a internet. Graças a isso, o título foi capaz de fomentar amizades. Via internet, é possível visitar a ilha de outros jogadores. Cada lugar é diferente, mantendo em comum o aspecto fofinho ou, como dizem os japoneses, *kawaii*. A estética é *chibi*, usada em mangás e animes para desenhar personagens de cabeça grande e corpo pequeno — mais ou menos como as estatuetas de vinil colecionáveis da Funko, com figuras da cultura pop, de séries e desenhos a artistas da música.

Como é um jogo de comunidade, jogar *Animal Crossing* em meio ao furacão do hype foi diferente. Acompanhar as descobertas do círculo de amigos era parte da graça. Algo único dos videogames? Nem tanto. Quem estiver lendo este livro recém-lançado, ainda sob os efeitos das restrições da pandemia, obterá uma fruição distinta de quem o fizer mais afastado dos fatídicos anos de 2020/2021. Por mais que nenhuma palavra seja alterada, o contexto muda, trazendo novos significados. Não precisa de bola de cristal para prever a inequívoca marcha do tempo.

Nesse período pandêmico, visitar a ilha dos amigos é uma poderosa experiência do videogame, principalmente em quarentena. O clima e o desenho do jogo incentivam a solidariedade. O isolamento social pede distanciamento físico das pessoas, mas não impede vislumbrar como os amigos se expressam por meio do game.

Ainda assim é um jogo da Nintendo, empresa que sofre em lidar com o on-line. Não é tão imediato visitar a ilha de um amigo. Deve-se ir ao aeroporto, passar por diversos menus e caixas de diálogo, até descobrir que não há nenhuma ilha disponível, nenhum amigo on-line.

Se o aspecto de conexão é tolerável pela histórica dificuldade da Nintendo, a restrição de uma ilha por console Switch é injustificável. Famílias com um único dispositivo e vários jogadores que não desejam compartilhar a mesma ilha precisam comprar mais consoles,[60] prática que remonta aos anos 1980, quando a Nintendo era soberana no mercado e impunha condições draconianas aos parceiros comerciais.

×

Junto ao jogo de celular e computador *Plague Inc.*, *Animal Crossing: New Horizons* virou o símbolo dos tempos de pandemia. Reconhecido pela Organização Mundial da Saúde (OMS) como bom passatempo para enfrentar o isolamento social,[61] o game merecia uma medalha de honra ao mérito.

Em essência, é um jogo de fazendinha ou *life sim* [simulador de vida]. Um dos mais famosos dessa prateleira é *FarmVille*, lançado em 2009 e suportado pelo Facebook até 31 de dezembro de 2020, quando a rede social deixou de ser compatível com games construídos na tecnologia Flash.[62] Esse jogo chegou a ter trinta milhões de acessos únicos diários. Outro exemplo é o fenômeno indie *Stardew*

60 CARPENTER, Nicole. "*Animal Crossing: New Horizons* is testing people's relationships", *Polygon*, 1º abr. 2020.
61 CANALES, Katie. "The WHO is recommending video games as an effective way to stop the spread of covid-19, one year after adding 'gaming disorder' to its list of addictive behaviors", *Insider*, 1º abr. 2020.
62 CARNEIRO, Igor Almenara. "*FarmVille* para Facebook será encerrado em 31 de dezembro", *TecMundo*, 28 set. 2020.

Valley, criado por Eric Barone sozinho em meio a muitos sacrifícios pessoais.[63]

Animal Crossing é um AAA, embora não no senso comum de alocar os recursos de produção nas realizações gráficas impressionantes, com cenas de ação épicas. Aqui o jogo direciona sua produção ao cuidado, à lapidação da experiência. A aparente simplicidade engana: há editores de decoração e estilo. Houve quem criasse o vestido da Chiquinha, de *Chaves*, e o calçadão de Copacabana. Os jogadores podem compartilhar o código de suas criações para qualquer um se apropriar.

São ferramentas que permitem aos usuários se expressar com arte. Diante de uma série de eventos presenciais cancelados, a artista malaia Shing Yin Khor resolveu fazer paródias de obras do mundo real. Em sua ilha, é possível ver uma reinterpretação da landart *Spiral Jetty* [Plataforma espiral], do estadunidense Robert Smithson (1938-1973), ou a performance *The Artist is Present* [A artista está presente], da sérvia Marina Abramovic.[64] O museu de arte de Cincinnati, nos Estados Unidos, também resolveu entrar na onda e lançou códigos que permitem aos jogadores personalizar suas casas com peças do acervo.

Em uma conexão mais nervosa com o mundo real, ativistas pró-democracia em Hong Kong aproveitaram para realizar atos e decorações críticas ao governo da China, o que levou o jogo a desaparecer das lojas virtuais do país. O movimento possibilitou ao primeiro-ministro de Tai-

63 SCHREIER, Jason. *Sangue, suor e pixels: os dramas, as vitórias e as curiosas histórias por trás dos videogames*. Trad. Guilherme Kroll. Rio de Janeiro: HarperCollins Brasil, 2018.
64 CARAAN, Sophie. "Shing Yin Khor Recreates 'The Artist Is Present' on *Animal Crossing: New Horizons*", *Hypebeast*, 10 abr. 2020.

wan, Su Tseng-chang, marcar posição contrária: "Taiwan não vai censurar um jogo em que você pega galhos e cultiva nabos. Jogadores, fiquem à vontade para fazer piadas com o governo".[65]

Taiwan está politicamente separada da China há décadas. Pequim a considera uma província rebelde. Nem mesmo uma relaxante ilha paradisíaca virtual consegue amainar a tensão geopolítica da região.

65 IGGY. "Taiwanese Premier shares a message about *Animal Crossing: New Horizons*", *NintendoSoup*, 12 abr. 2020.

Among Us[66]

Em plena campanha para prefeitura de São Paulo em 2020, Guilherme Boulos, candidato pelo PSOL, mentiu. Acusou a equipe do Meteoro Brasil, popular perfil do Twitter, de atos que ele próprio cometera, rendendo gargalhadas dos participantes e da plateia.

Isso aconteceu durante uma das ações mais chamativas do candidato do PSOL ao longo da corrida eleitoral municipal: uma jogatina ao vivo do game *Among Us* com outros criadores de conteúdo famosos. Assim como Boulos na última corrida presidencial, o jogo foi lançado em 2018 dando traço de audiência. Só virou um sucesso inescapável dois anos depois, quando repercutiu nas redes sociais, de streaming em streaming. O Brasil teve papel decisivo na disseminação desse jogo em que a malandragem é uma virtude.

Among Us ajudou a mitigar o isolamento social. O game brilha quando disputado entre amigos. Barato (gratuito no celular, disponível no Game Pass, cerca de dez reais no computador, vinte no Switch), rápido (cada partida dura em torno de dez minutos), não requer equipamentos avançados, ocupa pouco espaço (250 Mb) e exige pouca habilidade no controle.

Prova de que essas características estavam em voga é outro sucesso do período: *Gartic*, jogo brasileiro no estilo

66 VARELLA, João. "Cá entre nós, *Among Us* é mais Brasil que arroz com feijão", *Elástica*, 21 out. 2020.

do clássico *Imagem e Ação*, que, para jogar com os amigos, requer apenas ser aberto no navegador. *Fall Guys*, que teve lá seu momento de glória com brincadeiras à la Olimpíadas do Faustão, perdeu a tração por exigir máquinas robustas, PlayStation 4 e computadores com placa de vídeo dedicada.

Não é necessário ser alfabetizado em videogame para desfrutar. Qualquer pessoa capaz de discutir por mensagens de texto está apta a participar. A curva de aprendizado é suave, e grupos que misturam pessoas com diferentes níveis de conhecimento do jogo ficam ainda mais divertidos. Aquele jogador que balbucia sobre as tarefas a fazer seria alguém experiente fingindo?

Mistura do filme *O enigma de outro mundo*, de John Carpenter, e o jogo analógico *Cidade dorme*, *Among Us* coloca em uma nave até dez participantes controlando astronautas em trajes multicoloridos. Um (ou mais) assume o papel de impostor. Aparentemente igual aos outros personagens, o antagonista vence se matar os outros e perde se os tripulantes concluírem pequenas missões representadas por minigames.

Trata-se, portanto, de um multiplayer assimétrico, ou seja, é diferente da típica organização simétrica de jogos competitivos, que colocam adversários em condições iguais ou muito próximas a isso — os dois lados de uma partida de xadrez têm a mesma quantidade de peças, embora o lado branco sempre comece; uma partida de futebol, real ou virtual, conta com onze jogadores para cada time no início da partida.

A assimetria é comum em títulos de terror como *Friday the 13th: The Game* e *Dead by Daylight*. Um jogador mais poderoso faz o papel de bicho-papão, enquanto os outros, mais fracos, porém em maior quantidade, tentam sobreviver. Em *Among Us*, caso alguém tenha alguma pista de quem é o vilão, pode chamar uma reunião. Como em uma votação de reality show, um jogador é expulso, e só então é revelado se aquela pessoa era realmente o impostor. Esse paredão é o momento em que desonestidade, argumentação e maquiavelismos fazem parte da diversão.

Among Us é uma obra independente que estourou de surpresa. É um software com carências, porém muito mais desculpáveis que as da Nintendo — até porque, de certo modo, os defeitos dão charme à experiência. A mais notória lacuna é a falta de comunicação por voz dentro do jogo. Para que os debates acalorados sobre quem é o impostor fluam, o jeito é usar ferramentas externas como o Discord, que, aliás, deveria mandar uma caixa de bombom em agradecimento aos desenvolvedores do joguinho — o programa de conversas teve recordes de downloads graças à popularidade de *Among Us*.[67]

Jogá-lo requer regras caseiras. As partidas com Boulos tiveram fala liberada durante a ação, o que é proibido em alguns grupos. No entanto, infringir essas regras não traz nenhuma punição grave. Não há ranking oficial do game, o que deixa o clima mais descontraído e acessível.

×

Os apps de celular mais populares são dominados por impérios capitalistas: Facebook, Google, Tencent, companhias que valem centenas de bilhões de dólares. A brava equipe de três funcionários da InnerSloth, criadora de *Among Us*, é a tribo gaulesa de Asterix nesse ranking. Em novembro de 2020, quebrou o recorde de jogadores em um mês, ultra-

67 CANTAGESSO, Nicolas. "*Among Us* faz downloads do Discord dispararem", *Observatório dos Games*, 30 set. 2020.

passando gigantes como *Pokémon Go* e *Candy Crush Saga*.[68] Superou em números de downloads aplicativos de Amazon, Alibaba, ByteDance (do Tik Tok).[69]

Os grandalhões correm atrás. *Fortnite* anunciou um modo "impostor", copiando até mesmo terminologias do jogo independente.[70] Pudera, *Fortnite* começou sua escalada de fenômeno cultural em 2017 ao lançar uma modalidade xerocada de *PUBG*.

Concorrentes à parte, *Among Us* é em si uma lição de persistência. Nas primeiras semanas de seu lançamento, quando em geral um jogo tem seu auge de popularidade, o pico era de trinta jogadores simultâneos on-line. A Inner-Sloth manteve o jogo atualizado, com novos conteúdos e melhorias. Também deixou canais abertos com a comunidade, respondendo a dúvidas e sugestões em fóruns. O esforço rendeu frutos, chegando na casa de trezentos mil jogadores simultâneos só na plataforma de computadores Steam; também liderou a audiência na Twitch. Parte do mérito é dos streamers. Nomes populares como Ninja e PewDiePie exibiram o jogo. Alguns aproveitaram a premissa do game para reunir outros amigos criadores de conteúdo. Assistir às subcelebridades interagindo, mentindo uma para a outra, virou um atrativo para compor momentos marcantes da pandemia, assim como foi no caso de Boulos com a equipe do Meteoro Brasil.

68 CLARK, Mitchell. "Nearly half a billion users played *Among Us* in November", *The Verge*, 22 dez. 2020.

69 CHAPPLE, Craig. "*Among Us* surpasses 85 million mobile downloads after content creators power August and September surge", *Sensor Tower*, 15 set. 2020.

70 WARREN, Tom. "*Among Us* devs aren't happy with *Fortnite*'s blatant copying", *The Verge*, 18 ago. 2021.

Parte 3

POLIBUGFONIA

Watch Dogs: Legion[71]

O foco do terceiro ato deste livro é o jogo *Cyberpunk 2077*. No entanto, *Watch Dogs: Legion*, lançado semanas antes, tem coincidências tão gritantes que servem de prévia ao centro do argumento. A compatibilidade é tamanha que chega ao ponto de ambos os jogos terem seus códigos-fonte surrupiados por hackers.[72]

Watch Dogs: Legion é um jogo de mundo aberto. Como costuma acontecer em jogos desse gênero, pessoas desconhecidas controladas pelo game circulam ao longo do cenário. É assim em *GTA V* e em *The Witcher 3: Wild Hunt*. É possível efetuar pequenas interações com eles, mas nada demais, estão lá como figurantes. Alguém, algum dia, em algum lugar da desenvolvedora Ubisoft, teve uma ideia para reinventar isso: um mundo aberto em que qualquer *non-player character* [personagem não jogável] (NPC) pode ser recrutado e controlado; ou seja, a desenvolvedora apagou a letra "N" da sigla.

Esse é o conceito central de *Watch Dogs: Legion*, terceiro volume da série de ação hacker. Não há protagonista na história. O jogador controla membros da célula rebelde DedSec, acusados injustamente de executar explosões terroristas em Londres. O dia dos atentados foi batizado

71 VARELLA, João. "*Watch Dogs: Legion* traz ideia redonda em jogo quadrado", *Start UOL*, 3 dez. 2020.
72 EDWARDS, Trevor. "Stolen *Cyberpunk 2077* source code reportedly being sold at auction", *Gamerant*, 10 fev. 2021.

de Zero Day, termo do jargão de programação para vulnerabilidades desconhecidas exploradas por hackers sem aviso prévio. O ataque mergulhou a cidade em uma distopia liberal. Serviços públicos, como policiamento, foram privatizados. Cabe ao jogador "desfoder" a cidade, nas palavras de Sabine, uma das líderes do coletivo. A sede secreta da organização fica nos fundos de um pub.

O "jogar com qualquer um" impressiona tecnicamente. Cada personagem tem voz própria, participa das cinemáticas, conta com um breve histórico único, habilidades, animações, indumentária e equipamentos. Um dispêndio de energia de produção colossal. No entanto, o efeito prático é baixo. Em termos de jogabilidade e narrativa, *Watch Dogs: Legion* soa ordinário. A ideia redonda foi colocada em um jogo quadrado.

Esse game trilha um percurso conservador, mais ou menos dentro do que a Ubisoft fez e faz, em que o jogador resolve missões espalhadas pelo mapa. Enquanto o personagem sua a camisa, os companheiros de DedSec se restringem a dar pitacos pelo celular. Faltaram senso tático e trabalho em equipe, como visto em *XCom*, *Commandos*, *Final Fantasy VII Remake* e *Gears of War*.

A sensação de mesmice se agrava pelo custo do "jogue com qualquer um". A dinâmica força os diálogos a evitar mencionar o nome do personagem da vez. Expressões faciais exíguas, problemas de sincronia labial e entonações estranhas em determinadas cenas são outros custos da proposta de *Watch Dogs: Legion*.

Valeu a pena? Se tem algo que pode ser dito em favor da mecânica é que as reuniões da DedSec parecem um revival da banda Village People, com policial, punks, operário da construção civil circulando pelo QG em clima de festa à fantasia underground. Só faltou um videoquê.

×

O arranjo do jogo facilita discussões políticas e sociais, mas esse potencial é desperdiçado. Os comentários, no entanto, foram leves, contrariando a expectativa gerada pela Ubisoft. Quando foi apresentado na E3 de 2019, um ano e meio antes de seu lançamento, *Watch Dogs: Legion* prometia abordar questões políticas polarizadas — Clint Hocking, diretor criativo do game, relacionou o título ao Brexit. O processo de divórcio entre Reino Unido e União Europeia, que ainda se desenrolava na época, foi mencionado no primeiro minuto da apresentação realizada no palco mais prestigiado da indústria dos videogames.[73]

O comentário político do jogo não veio. Há temas sensíveis, como migração, mas o viés maniqueísta, com uma divisão clara entre bem e mal, não provoca reflexões profundas. O jogo conta com alta dose de política, porém sem polemizar, trafegando apenas pelos consensos.

A principal observação social do game está implícita desde sua premissa básica. Ao permitir que qualquer um se junte à DedSec — independentemente de idade, cor, classe social —, *Watch Dogs: Legion* aponta para maior diversidade cultural, uma manifestação de esperança na convivência pacífica entre os diferentes. A própria Ubisoft pode aprender algumas lições disso e usar em suas práticas corporativas. Em 2020, episódios machistas envolvendo diretamente o comando da família Guillemot, proprietária da empresa, estouraram.[74] Executivos e o marketing da Ubisoft diminuíam a relevância e a participação de perso-

73 "*Watch Dogs Legion*: E3 2019 Conference Presentation", canal Ubisoft, YouTube, 11 jun. 2019.
74 SCHREIER, Jason. "Ubisoft family accused of mishandling sexual misconduct claims", *Bloomberg*, 21 jul. 2020.

nagens mulheres nos jogos principais dando justificativas comerciais para isso. *The Last of Us*, *Horizon Zero Dawn*, *Celeste*, *Metroid* e *Tomb Raider* são alguns dos inúmeros exemplos que desmentem os chefes, desvelando o disfarce técnico da misoginia.

Se não bastassem os bastidores execráveis da Ubisoft, o jogo teve problemas no lançamento, em 29 de outubro de 2020. Algumas semanas antes de *Legion* chegar ao público, a desenvolvedora convidou a imprensa para uma degustação do game. Foi pedido que os jornalistas não se ativessem aos bugs, pois seriam corrigidos com as atualizações.

Cobri o evento para o *Start*, canal de games do *UOL*.[75] Embora a data de lançamento estivesse próxima, foi dado o benefício da dúvida em relação aos problemas. Pois, depois que o jogo chegou, os defeitos não só permaneceram como se agravaram.

Foi doloroso jogar em um Xbox One S nos dias próximos ao lançamento. Em menos de uma hora, o jogo fechou sem explicações. Isso foi reprisado nove vezes ao longo da campanha de menos de vinte horas. Mesmo nos consoles de nova geração, Xbox Series X e PlayStation 5, o game apresentava problemas. Em certas atualizações, ficava injogável.

Havia ainda inúmeras questões de acabamento, como instruções que piscam na tela, personagens correndo contra portas, pessoas levitando acima de buracos, comportamentos estranhos de inimigos. Isso que *Watch Dogs: Legion* teve sua entrega atrasada em meio ano. É compreensível uma quantidade maior de bugs nos jogos multiplataforma durante a transição de geração. Títulos como *Watch Dogs:*

75 VARELLA, João. "Sem protagonista, *Watch Dogs: Legion* quer gerar empatia por causa rebelde", *Start UOL*, 24 out. 2020.

Legion devem se preocupar com PlayStation 4, 4 Pro e 5, Xbox One, One S, One X, Series S, X e PC. Sem contar os serviços de nuvem, como Stadia.

Antes de abordar definitivamente o próximo jogo, cabe ressaltar que *Watch Dogs: Legion* é, sim, uma grande produção, porém menor que *Cyberpunk 2077*. Tem por trás de si a Ubisoft, goste-se ou não, uma organização acostumada a entregar e consertar seus jogos. Embora manifeste o desejo de diminuir a dependência dos jogos AAA em termos de receita,[76] o histórico (ou *track record*, para usar uma expressão do mercado financeiro) robusto da empresa é notável.

76 GANIKO, Priscila. "Ubisoft não quer mais depender tanto de títulos AAA", *Jovem Nerd*, 10 fev. 2021.

Cyberpunk 2077[77]

Uma imagem de Keanu Reeves com sorriso meio canastrão segurando um CD dourado simboliza o ápice de um hype mundial. O ator estava caracterizado como Johnny Silverhand, um rockstar com um braço de metal da fictícia e distópica Night City. Era o início de outubro de 2020.

O ator é o principal destaque do elenco do game *Cyberpunk 2077*. Foi o garoto-propaganda do anúncio de que o jogo tinha "ido a gold", o que no jargão quer dizer que estava finalizado. Na era pré-internet, equivalia à versão que seria gravada nos cartuchos e CDs. Era imperativo estar completa, pois a tolerância para erros era menor, sem chance de correções. Hoje os jogos vivem em permanente estado de trabalho em andamento, recebendo constantes atualizações até anos após o lançamento. Mesmo jogos distribuídos em mídia física são passíveis dessa lógica.

A espera de oito anos, acompanhada trailer a trailer pelos jogadores, com cobertura ostensiva e laudatória da mídia especializada, finalmente se encerraria em 19 de novembro de 2020. Era a data da chegada de *Cyberpunk 2077*.

No entanto, mesmo depois de ter "ido a gold", houve um freio no trem da expectativa. A CD Projekt, desenvolvedora por trás de *Cyberpunk 2077*, divulgou uma carta anunciando que o lançamento seria postergado em três

77 VARELLA, João. "Um desastre chamado *Cyberpunk 2077*", *Elástica*, 11 jan. 2021.

semanas, para 10 de dezembro (no fuso horário brasileiro, noite de 9 de dezembro). "Precisamos ter certeza de que tudo funciona bem e que todas as versões rodem perfeitamente", escreveram Marcin Iwiński e Adam Badowski, CEOs da empresa polonesa avaliada em bilhões de dólares. Era o terceiro atraso.

A postagem com fonte preta e fundo amarelo Pantone 3945C, dentro da identidade visual adotada pelo marketing de *Cyberpunk 2077*, foi recebida como um sinal de alta qualidade. Como reforçado em diversas entrevistas dadas por representantes da companhia, o padrão da entrega era elevado, equivalente ao da Rockstar em seu *Red Dead Redemption 2*.[78]

Até a prefeitura de São Paulo entrou na onda e comemorou um mural de *Cyberpunk 2077* na empena de um prédio no centro da cidade. A conta oficial do governo municipal no Twitter postou fotos com uma hashtag alusiva ao jogo. Desde 2007, porém, o município segue a Lei Cidade Limpa, que proíbe peças publicitárias em espaços públicos, mesmo aquelas com menções implícitas, não textuais. Após ser alertada por uma reportagem que fiz no *UOL*, a prefeitura apagou o tuíte e multou o mural em 410 mil reais.[79] A mesma produtora havia feito um mural de *Free Fire* a seiscentos metros de distância e recebeu pena de 595 mil reais. Os desenhos foram apagados.

O episódio dos murais se deu depois do lançamento. O clima prévio era distendido. A ansiedade era positiva, a vontade de finalmente entrar naquele universo estava nas alturas — sentimento convertido em dinheiro. Em termos

78 PRATA, Dori. "De olho na excelência, *Cyberpunk 2077* mira no *Red Dead Redemption 2*", *Meio Bit*, 29 nov. 2019.

79 VARELLA, João. "Artes de *Cyberpunk 2077* e *Free Fire* em SP são multadas em mais de R$ 1 mi", *Start UOL*, 12 jan. 2021.

de vendas digitais, *Cyberpunk 2077* foi o maior lançamento de todos os tempos, tanto em arrecadação quanto em unidades vendidas. A companhia amealhou oito milhões de votos de confiança que se traduziram em compras na pré-venda. Desse total, 61% foram cópias para computadores, recorde histórico. A estimativa dá conta de uma receita bruta de cerca de meio bilhão de dólares.

Esse foi o pano de fundo do maior desastre videogamístico deste século. O jogo foi lançado em um estado lastimável, praticamente injogável, sem cumprir as promessas que fez. Repleto de erros, era difícil distinguir o que seria bug, falta de acabamento, e o que seria indubitavelmente ruim. Problemas de detecção de colisão, inteligência artificial, de verossimilhança com as leis da física, gráficos, arquivos de salvamento… a lista já era extensa, e ainda alguns ridicularizaram a narrativa e a ambientação.

É o Fyre Festival dos videogames, um fiasco que evidencia vícios e armadilhas das grandes produções de games. O retrospecto revela algumas das piores facetas dessa indústria e mostra que *Cyberpunk 2077* jamais conseguiria atender às expectativas.

×

A CD Projekt surgiu nos anos 1990. Na onda do CD-Rom, ela adaptava e distribuía jogos estadunidenses na Polônia. Fazia um trabalho parecido com o da Brasoft no Brasil. Como a Polônia não está entre as principais economias da Europa, as grandes desenvolvedoras raramente consideravam a região em seus planos, e o polonês era um idioma secundário. Um dos êxitos da empresa se deu com *Baldur's Gate*, uma transposição dos RPGs de mesa *Dungeons & Dragons* (mais conhecido como D&D) feita pelo estúdio BioWare.

A distribuidora polonesa acumulou caixa e coragem para desenvolver os próprios jogos. O primeiro passo foi dado em 2007 com *The Witcher*, game baseado na série de livros do escritor polonês Andrzej Sapkowski. Desconhecido fora de seu país, os direitos foram comprados por 9,5 mil dólares — preço de banana comparado ao que a propriedade intelectual renderia. Protagonizadas pelo bruxo Geralt de Rívia, as narrativas trazem um mundo medieval fantástico permeado pelo folclore nacional. O game virou um sucesso cult, colocando a CD Projekt Red no mapa. O braço de desenvolvimento de jogos seria batizado CD Projekt Red, dando ares de amontoado de palavras aleatórias ao nome do estúdio.

Com *The Witcher 2: Assassins of Kings*, de 2011, a aposta foi ainda mais ambiciosa. O então presidente dos Estados Unidos, Barack Obama, recebeu como presente do governo polonês a edição de colecionador durante uma visita oficial. A CD Projekt virou orgulho nacional. Para o mundo, era uma desenvolvedora de RPGs com sabor europeu.

A empresa capitaneou o ecossistema de produção de jogos do país. São 440 empresas de games que geram três bilhões de reais em receita anual.[80] Além dela, são da Polônia a 11 Bit Studios (de *Frostpunk*), a SimulaM (do simulador de Jesus Cristo *I Am Jesus Christ*), a SUPERHOT Team (do game homônimo), a Forestlight Games (*The Pope: Power & Sin*), a Bloober Team (*Observer, The Medium*), a Techland (*Dying Light*), entre outras.

Em 2012, um ano após *The Witcher* 2, veio o anúncio de *Cyberpunk 2077*. Também inspirado em literatura, é,

80 MOURA, Eduardo. "Democracia na Polônia pena enquanto país se fixa como potência mundial de games", *Folha de S. Paulo*, 29 nov. 2020.

como *Baldur's Gate*, uma adaptação de um RPG de mesa. O sistema dessa vez é *Cyberpunk 2020*, escrito por Mike Pondsmith e lançado no fim dos anos 1980. Chegou a ter certa popularidade no Brasil na década seguinte — frequentava as páginas de revistas como a *Dragão Brasil* —, porém foi menos difundido que D&D. Pondsmith assumidamente bebeu do livro *Neuromancer*, de William Gibson, que por sua vez escreveu sob a crescente influência da cultura dos videogames. Ao compor a história, Gibson sentia o impacto da ascensão dos fliperamas ruidosos, com luzes coloridas e fumaça de cigarro popular. A CD Projekt, portanto, fecha um ciclo com o game. Pondsmith, por sinal, atuou como consultor de *Cyberpunk 2077*.

O jogo em si é considerado um subgênero da ficção científica, pressupõe alta tecnologia e degradação social. Nas cidades abarrotadas dominadas por grandes corporações corruptas, as pessoas trocam partes do corpo por implantes cibernéticos enquanto a mente vagueia por realidades virtuais, perdendo aspectos humanos. *Blade Runner*, *The Ghost in the Shell*, *Alita: Anjo de Combate*, *Matrix* e *Jogador nº 1* são algumas narrativas que se enquadram nessa categoria.

Diante de um trailer de 2013, os jogadores salivaram. O vídeo dizia que *Cyberpunk 2077* só sairia quando estivesse pronto.

×

A CD Projekt Red erigiu de vez sua reputação em 2015 com *The Witcher 3: Wild Hunt*, que se tornou parte do cânone do videogame. É o primeiro mundo aberto da série, o que significa liberdade para explorar o cenário. Decisões morais do jogador impactam o arco narrativo.

Além da trama central com ares épicos, estão disponíveis pequenas histórias espalhadas pelo universo do jogo, em sintonia com a estrutura de contos que deu origem ao personagem. *The Witcher* fez os livros de Sapkowski ganharem o mundo — o escritor passou a ser chamado de "Tolkien polonês" — e virou série na Netflix, estrelada por Henry Cavill. Os jogos foram gradativamente se distanciando da esquisitice do Geralt dos livros, e no terceiro game o protagonista é construído de vez como o típico herói ocidental macho alfa — com isso, fez sentido escalar para o papel o ator que encarnou o Super-Homem em diversos filmes a partir de 2013.

Apesar de a versão inicial ter defeitos, a internet possibilitou consertos pós-lançamento. Com um ótimo suporte, a CD Projekt ganhou uma comunidade de fãs fervorosos. Se não bastasse isso, a Good Old Game (GOG), outro braço da holding, propunha uma nova postura na distribuição de jogos, enfatizando títulos difíceis de encontrar devidamente prontos para serem abertos em computadores contemporâneos. Games são vendidos sem o *digital right management* (DRM), tecnologia antipiratária que muitas vezes é prejudicial para o jogador por atrapalhar a performance do jogo. Um movimento coerente do ponto de vista da história da desenvolvedora polonesa, que combateu a pirataria dos anos 1990 prestando um bom serviço e convencendo os jogadores de que era mais confortável pagar e apoiar.

Com GOG e The *Witcher 3* consolidados, era hora de priorizar *Cyberpunk 2077* — o segundo mundo aberto da desenvolvedora, a primeira vez fora do universo de Geralt de Rívia.

×

A CD Projekt roubou as atenções de duas edições da E3, o evento mais importante do calendário de games. Em

2018, soltou um trailer bombástico de *Cyberpunk 2077*, com inúmeras tomadas mostrando a vida em Night City, a cidade em que se passa o jogo. No ano seguinte, a imagem de um Keanu Reeves digital fechava outro trailer impressionante. O próprio ator esteve no palco da convenção envolto em fumaça e recebido com gritos da plateia. "A sensação de estar lá, de andar pelas ruas do futuro, vai ser realmente de tirar o fôlego", disse Reeves. "Você é de tirar o fôlego", disse alguém do público, no que Reeves improvisou e repetiu a frase, apontando para o espectador.[81] Com seu legítimo jeitão gente boa, ele colocou mais lenha na fogueira, implantando de vez o chip do hype nos jogadores.

Entre uma E3 e outra, Sebastian Stępień, diretor de criação de *Cyberpunk 2077*, encerrou sua carreira de doze anos na CD Projekt Red para se juntar à Blizzard, desenvolvedora de *Warcraft* e *Overwatch*.[82] Uma mudança sem muita explicação no comando do desenvolvimento e que passou batida à época.

Cyberpunk 2077 mostrava-se como uma experiência tão grandiloquente que levou muitos a se perguntarem se os consoles da época, PlayStation 4 e Xbox One, teriam capacidade para rodar o jogo. A desenvolvedora polonesa garantiu que sim. Dias antes do lançamento, Adam Kicinski, presidente executivo, afirmou que o game rodava "surpreendentemente bem" no PlayStation 4 e no Xbox One.[83] Um trailer com supostas imagens do jogo em um

81 "Keanu Reeves says 'You're breathtaking' (E3 2019, *Cyberpunk 2077*)", canal *GameNews*, YouTube, 10 jun. 2019.
82 SILVA, Bruno. "Diretor criativo de *Cyberpunk 2077* deixa CD Projekt e se junta a Blizzard", *The Enemy*, 24 jan. 2019.
83 "CD Projekt S.A. (OTGLF) CEO Adam Kiciński on Q3 2020 results — Earnings call transcript", *Seeking Alpha*, 25 nov. 2020.

PlayStation 4 publicado no canal oficial do dispositivo em 19 de novembro com o título "*Cyberpunk 2077* — Gameplay Trailer | PS4" confirmava a declaração do executivo.[84] No entanto, o vídeo era falso.

Trazer esse jogo ao PlayStation 4 era importante por questões comerciais. Afinal, desde o lançamento, em 2013, mais de cem milhões de unidades foram vendidas, tornando-o o segundo console mais bem-sucedido da história. No entanto, o hardware antigo poderia limitar as possibilidades de *Cyberpunk 2077*. A comunidade do videogame ungiu o jogo com duzentos prêmios antes mesmo de ser colocado no mercado. As condecorações foram, mais uma vez, propaladas nas redes sociais com cartaz de fundo amarelo.

A desenvolvedora mandava mensagens contraditórias que passaram batido pelo radar crítico do público. Na E3 de 2019, a última antes da covid-19, a imprensa viu um jogo em que era possível mudar livremente da perspectiva de primeira pessoa para a de terceira. Três meses depois, foi dito que o time tomou a decisão de fazer o título cem por cento em primeira pessoa. Essa mudança brusca significava que as alardeadas opções de customização de personagem ficariam praticamente ocultas na maior parte do tempo. Uma decisão, portanto, contraditória.

Para completar, a conta oficial do *Cyberpunk 2077* no Twitter assumiu um tom insolente, chegando a responder a um tuíte que sugeria uma parceria entre ele e o *Pokémon Go* insinuando que não teria a mesma característica de bugar tanto quanto o game do Pikachu. Afirmações que envelheceram como leite diante de seus mais de 1,5 milhão de segui-

84 "*Cyberpunk 2077* — Gameplay Trailer | PS4", canal PlayStation, YouTube, 19 nov. 2020.

dores. Sem alarde, a descrição da conta mudou o gênero do game. Saiu o RPG, entrou ação-aventura. Outra modificação estranha para um game que seria lançado dali a algumas semanas. Nem o gênero está definido?

O marketing foi tão pesado que celebridades reais, como Hideo Kojima, prestigiado diretor de *Metal Gear Solid*, Cohh Carnage, streamer estadunidense, e Carol Costa, jornalista brasileira, fizeram breves aparições em cenários do jogo — os chamados *cameos*.

×

As resenhas são uma das engrenagens mais importantes da indústria do videogame, embora contenham problemáticas próprias da dinâmica digital. Elas cumprem muitas funções: apresentação, recomendação de compra, expansão da obra, descrição do enredo e das mecânicas, experiência pessoal do autor. Por tentar cobrir todas essas tarefas, costumam ser caudalosas. São palavras que desembocam em uma conclusão sumária, uma nota de zero a dez, ou cem, número muito mais pesado que qualquer argumento do texto. Viram uma métrica, elemento matemático e comparável. "Bonito" > "agradável"? Não se sabe, mas 8 > 7, isso é inegável. "Bom" é subjetivo; 6 é objetivo.

Os jogos são resenhados antes de seu lançamento. Portanto, são uma fotografia do passado, pois os artefatos analisados estão sujeitos a receber atualizações. Ou ainda estão incompletos, como nos casos em que há interação on-line entre os usuários: eles só vão mostrar sua verdadeira face com a participação dos jogadores. Comportamento volúvel, também em onda: jogos são adotados e abandonados, de repente entra na moda um jeito de jogar específico que é esquecido em um piscar de olhos.

Apesar de seus defeitos, as resenhas permanecem relevantes. Se o preço a pagar são os problemas mencionados neste apartado, antes isso ao estado anódino das resenhas literárias.

A nota que os veículos especializados em videogame costumam atribuir ao jogo representa um fator importante na decisão de compra. A CD Projekt prometeu um bônus aos funcionários caso a nota do game fosse superior a noventa no agregador de resenhas Metacritic. Uma semana antes do lançamento de *Cyberpunk 2077* — pouco tempo para uma obra tão extensa, mas, infelizmente, uma prática comum —, códigos para resenha foram enviados à imprensa. No Brasil, apenas três veículos de comunicação publicaram seus textos exatamente no fim do embargo, 7 de dezembro. Explicando: "embargo" é um acordo entre a empresa e a mídia para que a divulgação ocorra de maneira simultânea, dando tempo a todos de fazer suas análises em condições similares. Aos veículos interessa publicar o mais cedo possível, assim que o embargo cai, para obter mais audiência, saciar a sede dos fãs e não ser furado. Acontece não só com videogame. Cinema, literatura e até anúncios da área de economia e política são embargados de vez em quando.

A quantidade pequena de veículos era incomum. Grandes produções costumam espalhar cópias digitais para diversos canais influentes. Além disso, os comunicadores selecionados também teriam de se comprometer a usar imagens previamente fornecidas pela assessoria de imprensa. Capturas próprias só seriam permitidas depois do lançamento. De maneira geral, as cláusulas são cada vez mais restritivas. Há casos em que as empresas proíbem que parte do conteúdo seja discutida até determinada data (foi assim com *Astro's Playroom*) ou sugerem abordagens que, mais dia, menos dia, se tornarão obrigatórias.

Por depender das desenvolvedoras, os produtores de conteúdo aceitam.

Fui chamado por Renato Bueno, então editor do *Start*, para fazer a crítica de *Cyberpunk 2077*. Recebi acesso à versão para computadores. Por ser uma plataforma mais aberta que os consoles, diante de um problema há sempre a suspeita de ser algum tilt no equipamento, um antivírus prejudicando a experiência. Quanto mais jogava, mais ficava evidente que os bugs eram graves e excessivos. E essa era a versão mais bem acabada. Segundo a CD Projekt, o jogo teria uma atualização no primeiro dia, portanto os problemas seriam sanados, outro elemento de dúvida para a avaliação. Mergulhei na versão que foi mandada para ser analisada. Geralmente, resisto em escancarar bastidores das condições da resenha, mas nesse caso não teve jeito, tive de esclarecer que a versão enviada para análise estava inacabada e que, portanto, a versão para consoles inspirava ceticismo.

> Expectativas nesse nível costumam parir decepções proporcionais. A questão que ronda a comunidade é simples e direta: *Cyberpunk 2077* é bom? Resposta: não, ainda não. O jogo chega inacabado, com problemas e sem polimento — por mais que ele ainda esteja sendo atualizado ao longo dos testes e vá receber uma grande "correção de dia zero" no lançamento em 10 de dezembro. No momento, o acabamento irregular prejudica a narrativa, força central do título.[85]

A quantidade dos problemas era tamanha que ficava difícil separar o defeito do efeito proposital. Ainda mais com um jogo ambientado em um mundo de tecnologia precária,

85 VARELLA, João. "*Cyberpunk 2077*: narrativa poderosa sofre com bugs e falta de acabamento", *Start* UOL, 7 dez. 2020.

assumindo isso como estética. Por mais que os argumentos estivessem elencados dentro do texto, sabia que haveria consequências, sabia que os leitores enfatizariam apenas a nota. Como o *Start* não dá nota, muitos se importariam apenas com o título, "*Cyberpunk 2077*: narrativa poderosa sofre com bugs e falta de acabamento". Poucos se dariam ao trabalho de ler, muitos se dariam ao trabalho de xingar nas redes sociais. Nos dois dias entre o fim do embargo e o lançamento do jogo, os fãs ficaram furiosos com o texto.

Quem se aventura a falar de videogame com seriedade precisa ter casca grossa. Seja uma resenha negativa de um título, seja uma pesquisa sobre problemas de representatividade, há sempre um temor da repercussão. Fazer ataques pessoais a quem contraria os interesses da comunidade gamer se tornou corriqueiro.

Tenho certa estrada no jornalismo, não me impressiono mais. No mesmo 2020, escrevi uma reportagem sobre um emulador que era vendido pela Microsoft e que dava acesso a centenas de games piratas.[86] Minhas redes sociais ficaram impraticáveis por dias, e um podcast dedicou vinte minutos a me fazer ataques pessoais.[87] É uma condição que deve ser sanada o quanto antes, pelo bem do debate público.

Artefatos da cultura popular, incluindo os games, consolidam hegemonias e são sempre políticos. A pluralidade de análises é vital para o acompanhamento e a compreensão. Só vamos ter tal condição quando mais pessoas se sentirem convidadas e confortáveis para falar o que pensam,

86 VARELLA, João. "Emulador de jogos piratas era vendido como 'navegador' no Xbox One", *Start UOL*, 11 ago. 2020.
87 VARELLA, João. "*Nautilus*: 20 minutos de mil grau", *Medium*, 21 set. 2020.

sem medo da repressão, sem *fear of other people's opinions* [medo da opinião dos outros] (FOPO).

No caso de *Cyberpunk 2077*, dava para notar que boa parte dos entusiastas acreditava na atualização do primeiro dia, o *day one patch*. Fui chamado de burro por supostamente desconhecer esse elemento que estava explicitamente destacado na crítica.

Se eu fosse mulher, sofreria reações ainda mais raivosas, a julgar pelo que aconteceu diante da correta crítica da GameSpot, que deu nota sete, considerada baixa para os padrões das grandes produções.[88] Kallie Plagge, editora do site e autora da resenha, virou alvo de toda sorte de ataques e questionamentos.

Ela e eu fomos exceção. Em regra, os resenhistas aprovaram o jogo. Houve casos de nota máxima, aplausos embalados com adjetivos pesados. O Metacritic chegou a dar o selo de "imperdível" (*must-play*), contabilizando nota 91 de 100. Desconfiei ter cometido um erro. Até que o jogo foi lançado.

×

A pandemia fez o consumo de videogame disparar em um momento de esplendor criativo dos desenvolvedores. *Animal Crossing: New Horizons*, *Among Us*, já discutidos, *The Last of Us Part II*, PlayStation 5, Xbox Series S e X, abordados nas próximas partes do livro, são prova e contraprova da evolução.

Em 2020, o impacto de *The Legend of Zelda: Breath of the Wild*, lançado três anos antes, foi sentido em títulos como *The Pathless*, *Immortals Fenyx Rising* e *Genshin Impact*.

88 PLAGGE, Kallie. "*Cyberpunk 2077* review", *GameSpot*, 15 dez. 2020.

O último é um jogo gratuito extremamente popular de um desenvolvedor chinês. Palavras como "Taiwan" e "Hong Kong" são censuradas. A lei do país para games proíbe qualquer "ameaça à unidade nacional".[89] Guarde essa informação, em breve isso vai se relacionar com a CD Projekt.

Outro destaque do ano foi a chegada de *Final Fantasy VII Remake*, versão baseada em um dos jogos mais populares dos anos 1990, anunciado oficialmente em 2015 e aguardado pelos fãs desde antes disso. A experiente Square Enix entregou um produto digno das expectativas. No entanto, em vez de se eternizar pela fama, não se pode dizer o mesmo de *Cyberpunk 2077*, que será sempre lembrado pela infâmia de tentar morder mais do que conseguia mastigar.

As notas nos agregadores Metacritic e OpenCritic diminuíram conforme mais resenhas foram publicadas. O primeiro revogou o selo "imperdível". O segundo colocou um alerta inédito: "A equipe da OpenCritic e vários críticos suspeitam que o desenvolvedor, CD Projekt Red, intencionalmente procurou ocultar o verdadeiro estado do jogo no Xbox One e PS4, permitindo apenas filmagens pré-renderizadas do jogo nas análises e não emitindo cópias de análise para as versões de PS4 e Xbox One".[90] Registro que, após a debacle do jogo, pedi para a assessoria de imprensa da CD Projekt acesso ao jogo de console, especialmente para acompanhá-lo nessa ferramenta. Avisei que faria uma matéria sobre as promessas não cumpridas do game. Ainda assim, recebi uma chave para baixá-lo. Em vez da seriedade que o jogo tentou atingir, seus bugs o tornam uma comédia pastelão. Pênis fora das calças, personagens dirigindo carros com a bunda

89 "*Genshin Impact*: O jogo chinês que censura palavras como Taiwan e Hong Kong", *Plataforma*, 8 out. 2020.
90 VARELLA, João. "As promessas que *Cyberpunk 2077* fez e não cumpriu", *Start UOL*, 22 dez. 2020.

exposta, carros voando, explosões aleatórias, memes. Os personagens do mundo de *Cyberpunk 2077* têm o curioso costume de fazer a T-pose [pose em T], uma postura padrão para modelos em 3D antes de serem animados. Mais um claro sinal da falta de acabamento, uma situação sem precedentes. Era como uma Ferrari caindo aos pedaços, um veículo arrojado no visual, porém cheio de gambiarras, que podia te deixar na mão a qualquer momento.

Os problemas eram mais abundantes nos consoles, evidenciando que aquele vídeo no canal oficial da PlayStation era indubitavelmente falso. A situação levou a Microsoft a flexibilizar o reembolso. A Sony ficou em situação mais complicada, pois sua loja virtual não tem uma política de reembolso cristalina. Em geral, quem instala e abre o jogo perde o direito de pedir o dinheiro de volta, exceto em situações de jogos banidos. E foi isso que a Sony fez, baniu *Cyberpunk 2077* da PlayStation Store, situação essa que tem como precedente *Afro Samurai* 2, um pequeno jogo de 2015, nem um pouco comparável ao título mais esperado da década. Com isso, a CD Projekt perdeu vendas em pleno período natalino. O castigo só cessou em junho de 2021, o jogo voltou à loja da Sony com um aviso de que não era recomendado o uso no PlayStation 4.[91] A própria desenvolvedora pediu desculpas e incentivou os jogadores insatisfeitos a devolverem o produto. A empresa disponibilizou um e-mail específico (helpmerefund@cdprojekt.com [ajude-me a reembolsar]) para quem tivesse dificuldade em reaver o dinheiro.

Marcin Iwiński gravou um vídeo pedindo desculpas. Escudou-se nas resenhas positivas que o jogo recebeu no PC, apresentando a situação como se fosse um problema

91 WARREN, Tom. "*Cyberpunk 2077* returns to PlayStation Store with a big PS4 warning", *The Verge*, 21 jun. 2021.

só dos consoles.[92] Difícil falar em "opinião errada", mas caberia aos que cobrem o setor atentar-se ao caso, fazer um exercício de reflexão, verificar se houve algum erro, se o serviço ao público foi prestado.

Após o lançamento, o perfil no Twitter passou a moderar o tom, atendo seu fundo amarelo a anúncios de correções de erros.

A crise se espalhou para além da mídia especializada em videogames. *The New York Times*, CNN, *Time*, *The Guardian*, *Bloomberg* são alguns dos veículos generalistas que reportaram com destaque o colapso de *Cyberpunk 2077*.

Para completar, a GOG colocou um tempero de geopolítica na história. Enquanto *Cyberpunk 2077* era achincalhado, a plataforma anunciou que venderia *Devotion*, do estúdio Red Candle Games, de Taiwan. Horas após o anúncio, a empresa avisou que havia desistido, sem dar muitas explicações, causando revolta. *Devotion* é outra vítima das práticas chinesas. Originalmente lançado em 2019, o jogo ganhou notoriedade ao irritar o governo chinês com um pôster que comparava o presidente da China, Xi Jinping, ao personagem Ursinho Pooh. Foi banido das maiores lojas virtuais.

Mesmo relevando os bugs, é difícil jogar sem pensar no que foi feito ao redor da narrativa, nas centenas de funcionários que fizeram crunch (como são chamadas as horas extras excessivas na produção) em ano de pandemia. O zeitgeist na comunidade de jogadores é raro e inédito. Segundo a CD Projekt, foram treze milhões de cópias de *Cyberpunk 2077* vendidas até o fim do ano, já descontados os pedidos de reembolso — de acordo com a companhia, o jogo pagou seus

92 Em tuíte no perfil oficial do *Cyberpunk 2077* no Twitter, 13 jan. 2021.

custos.[93] Número grandiloquente, porém abaixo das expectativas dos analistas, que corrigem para baixo suas projeções, e antes do período de reembolso se encerrar. É uma grande experiência cyberpunk imersiva no mundo real, real demais. Enquanto os jogadores se recuperam do baque, firmas de advocacia reúnem investidores que se sentem lesados para realizar ações coletivas por "representação errônea" do game. No mês de lançamento, as ações da empresa chegaram a registrar oscilação negativa de 40%. Um tuíte de Elon Musk, bilionário presidente da Tesla e da Space X, injetou ânimo nas ações.[94] O comentário gerou a maior alta em cinco anos, os papéis subiram 12%. Foi parte das postagens de Musk que enlouqueceu o mercado financeiro, chegando a afetar a Dogecoin, criptomoeda representada por um cachorro e considerada uma piada que foi longe demais.[95]

Qual será o futuro de *Cyberpunk 2077*? *Daikatana*, *E.T.*, *No Man's Sky*, *Anthem*, *Crucible*, *Batman: Arkham Knight*, *Assassin's Creed Unity*, *Fallout 76* são alguns exemplos de jogos considerados decepcionantes quando foram lançados. Alguns conseguiram se redimir, outros não.

A debacle serve de alerta à indústria do game AAA. As produções cada vez mais megalomaníacas, com dezenas de horas de conteúdo para justificar os sessenta dólares (que subiram para setenta em 2021) do preço médio, somadas à pressão dos acionistas ávidos por faturamento, terminam por arrebentar no lado mais fraco da corda: o dos que tra-

93 CZARUS. "*Cyberpunk 2077* already broke even", *Gamepressure*, 11 dez. 2020.
94 KRASUSKI, Konrad. "Musk's *Cyberpunk* tweet lifts CD Projekt the most since 2015", *Bloomberg*, 28 jan. 2021.
95 MONTESANTI, Beatriz. "Tuítes de Elon Musk enlouquecem mercado financeiro e são criticados", *Folha de S. Paulo*, 14 fev. 2021.

balham no desenvolvimento. Cabe revisar esses preceitos da cultura digital e rejeitar as lógicas que conduzem a uma realidade cyberpunk.

Parte 4 REPRESENTATIVIDADE

O videogame tem como público-alvo histórico a santíssima trindade do privilégio: homem, branco e hétero — na qual me enquadro. Talvez pelo crescente uso das redes sociais, efeito da pandemia, as discussões no país nesse campo se deram sob o signo da cultura do cancelamento. Como aponta Mariana Sanches, na *BBC*:

> Funciona assim: um usuário de mídias sociais, como Twitter e Facebook, presencia um ato que considera errado, registra em vídeo ou foto e posta em sua conta, com o cuidado de marcar a empresa empregadora do denunciado e autoridades públicas ou outros influenciadores digitais que possam amplificar o alcance da mensagem. [...] A cascata de menções a uma empresa costuma precipitar atitudes sumárias para estancar o desgaste de imagem, sem que a pessoa sob ataque possa necessariamente se defender amplamente.[96]

Peço a compreensão, a clemência e a tolerância do leitor caso haja algum vocábulo mal-empregado. A vigilância excessiva é tiro no pé da causa, gera uma paranoia generalizada e o temor de que um tropeço verbal cause acusações de transfobia, racismo, homofobia ou algo semelhante nos fóruns de debate sumarizados das redes sociais. Acredito,

96 SANCHES, Mariana. "O que é a 'cultura de cancelamento'", *BBC News Brasil*, 25 jul. 2020.

ainda assim, na boa intenção dos que fazem tempestade em copo de pinga. E tenho vontade de contribuir com a discussão, por mais que o risco esteja presente, por mais conforto que o silêncio ofereça.

O público-alvo dos videogames está representado na imensa maioria dos heróis retratados. Não que isso seja exclusividade dos videogames, como discute Amanda Massuela, na *Cult*:

> O perfil do romancista brasileiro publicado por grandes editoras se manteve o mesmo por pelo menos 43 anos. Ele é homem, branco, de classe média, nascido no eixo Rio-São Paulo. Seus narradores, protagonistas e coadjuvantes são em sua maioria homens, também brancos, de classe média, heterossexuais e moradores de grandes cidades.[97]

Há, porém, alguns movimentos para abarcar mais cores, maior diversidade humana, tanto na literatura quanto no videogame. Como a segunda linguagem é o assunto deste livro, trato disso neste apartado.

Uma parcela de jogadores fica irritada quando pessoas negras e LGBTQIA+ são colocadas em posição de protagonismo; manifesta-se alegando que é uma forçação de barra, uma injusta política de cota — sinalização vazia de virtude —, entre outras considerações. Tal resistência termina por incentivar ainda mais o uso dos oprimidos nessa posição — afinal, o típico arco narrativo de um herói se dá com a superação de obstáculos, nadando contra a corrente. O ano da pandemia lega três casos marcantes de representatividade: *Marvel's Spider-Man: Miles Morales*, *Tell Me Why* e *The Last of Us Part II*.

97 MASSUELA, Amanda. "Quem é e sobre o que escreve o autor brasileiro", *Cult*, 5 fev. 2018.

Marvel's Spider-Man: Miles Morales

O PlayStation 5 chegou [ver p. 112] acompanhado de *Marvel's Spider-Man: Miles Morales*, continuação de *Marvel's Spider-Man*, um campeão de vendas de 2018. O novo game situa os jogadores em Manhattan, com visual de tirar o fôlego, além de povoar a região com vilões que garantem a ação.

Traz embarcado também conotações políticas e sociais. O protagonista é o adolescente negro de ascendência latina que dá nome ao jogo e tem poderes parecidos com os de Peter Parker.

Inexperiente, Miles quer mostrar serviço. Os nova-iorquinos preferem o Homem-Aranha original e falam isso na lata para o esforçado novato. Miles encara na boa. É um adolescente sangue bão, cool feito Barack Obama — o personagem surgiu nos quadrinhos em 2011, inspirado no então residente da Casa Branca.

Na vida particular, o garoto e sua família lidam com uma mudança de endereço. Saem do distrito do Brooklyn para morar em Manhattan, área mais famosa e turística de Nova York. Mais especificamente, passam a residir no Harlem, região conhecida pela efervescência cultural — a cena de jazz e do rap tem ligação histórica com o local — e por abraçar a população marginalizada. O centro do jogo é essa periferia. O enredo aproveita para tocar em problemas típicos de regiões desfavorecidas, como especulação imobiliária e descaso do poder público. A ambientação inspirou uma trilha sonora instigante: ao começar as travessias pela cidade, há um efeito sonoro de scratch, típico das pick-ups dos DJs. Essa é a introdução de uma música grandiloquente e suingada.

Há apenas dois personagens brancos relevantes — Parker e o antagonista Simon Krieger. A história vai além da representatividade. Há um conjunto de missões que liberam um mural gigantesco com a frase "Black Lives Matter" [Vidas pretas importam] — uma mensagem relevante para um ano em que ela ganhou destaque diante de casos abomináveis de racismo. Uma semana depois do lançamento de *Miles Morales*, assistíamos estarrecidos a João Alberto Silveira Freitas, negro, quarenta anos, ser assassinado por seguranças do supermercado Carrefour, em Porto Alegre.

O game tem uma cena em especial, após o colapso de uma ponte, que reverbera os tempos bicudos que vivemos. O herói é ameaçado por armas das forças de segurança, enquanto a população ao redor revida com seus smartphones, gravando a cena.

Dentro do tom de revista da Marvel, o roteiro evita explicitar questões espinhosas, como a vida política de Rio Morales, a mãe de Miles, que concorre a uma cadeira na Câmara Municipal. Ela soa em muitos momentos como a congressista estadunidense do Partido Democrata Alexandria Ocasio-Cortez, jovem e progressista, que aliás teve relação estreita com videogames em 2020 — chegou a fazer campanha dentro de *Animal Crossing* e realizou transmissões ao vivo de partidas de *Among Us*, assim como Guilherme Boulos (ver p. 53).

Um ponto que merecia entrar para os diálogos abertos do jogo: não há interação do protagonista com a polícia. A mudança toca no que é disparado o maior constrangimento do game anterior, *Marvel's Spider-Man*, de 2018. Protagonizado por Peter Parker, o herói brincava de ser policial em interações bajuladoras. Parecia até conservar o espírito de *Cops*, a série estadunidense que mostrava a rotina da polícia e que foi cancelada em 2020 após 32 temporadas.[98]

Em vez de ficar de papo com os gambés, Miles conta com a ajuda de amigos para apontar onde estão os problemas da cidade. Mesmo sendo filho de um policial, os guardas mal têm espaço na obra — uma sutileza que talvez não seja captada nesta era em que a cultura é forçada a gritar.

Os créditos finais são dedicados ao ator Chadwick Boseman, que interpretou o Pantera Negra no cinema, morto em 2020 vítima de um câncer.

98 "Depois de 32 temporadas, a série *Cops* foi cancelada", *Blitz Expresso*, 10 jun. 2020.

Tell Me Why

Os dois próximos jogos lidam com questões LGBTQIA+. Como alerta Eduardo Moura, eles "são mais exceção do que regra — e uma exceção bem calculada por agentes de marketing de uma indústria que visa maximizar o lucro junto a uma clientela disposta a gastar seu 'pink money' para jogar".[99]

O ano de 2020 marca a primeira vez em mais de meio século de história dos videogames que uma grande produção conta com um protagonista transgênero — tanto o personagem quanto o ator que o encarna. Ambientado em uma pequena cidade do Alasca, *Tell Me Why* relata a história dos gêmeos Alyson e Tyler Ronan, sendo este último um homem transexual dublado pelo ator também transexual August Aiden Black.

O jogo é da produtora francesa Dontnod, que ficou conhecida pela aventura narrativa *Life is Strange*. Lançado de maneira episódica, esse game de 2015 colocava no centro da ficção estudantes adolescentes. *Tell Me Why* lembra a jogabilidade de investigação e decisões do jogo mais famoso da produtora. Em termos narrativos, dá passos em direção à maturidade. Agora os problemas são de jovens adultos, preocupados com aluguel, mudança de cidade, trabalho.

99 MOURA, Eduardo. "Entenda por que heróis LGBT ganham terreno nos games e até *Zelda* saiu do armário", *Folha de S. Paulo*, 8 fev. 2021.

Ele também marca por fugir do óbvio. Trata da questão de gênero de maneira frontal, porém não como elemento central do enredo. Sim, há discussões sobre os impactos que a transição traz ao personagem e seu círculo social, mas não é esse o fio condutor; está lá, com naturalidade. O conflito gira em torno da morte da mãe da dupla, Mary-Ann, um episódio violento e traumático que Alyson e Tyler voltarão a confrontar.

Como é costume da Dontnod, há elementos sobrenaturais na trama. Juntos, os irmãos vislumbram cenas do passado como se estivessem acontecendo no momento — parecem as reconstituições holográficas de títulos futuristas como *Tacoma* ou *Watch Dogs: Legion* (ver p. 59). A conexão também permite que os gêmeos conversem por telepatia.

Dividido em três capítulos lançados em agosto e setembro para a plataforma Xbox, *Tell Me Why* rompeu um tabu de representatividade sexual nos jogos mainstream. Os antecedentes que abordam transexualidade, com orçamentos elevados, trazem casos de censura, explicações atravessadas e violência descontextualizada. Para quebrar esse paradigma, o diretor do game Florent Guillaume trabalhou junto a organizações LGBTs, como a Gay and Lesbian Alliance against Defamation [Associação de gays e lésbicas contra a difamação], em prol de uma representação autêntica e responsável. O esforço iria por água abaixo se não fosse a firme atuação de August Aiden Black: tanto ele quanto Tyler mostram orgulho de ser trans, embora não seja algo que governe sua existência, como ele mesmo disse em uma entrevista.[100]

100 VARELLA, João. "Representatividade nos games ganha terreno", *Elástica*, 26 out. 2020.

The Last of Us Part II

O caso de representatividade que atiçou a chamada guerra cultural ocorreu com o lançamento de *The Last of Us Part II*, a continuação de um dos jogos mais importantes da década passada. Em 2013, a desenvolvedora Naughty Dog adotou a base da jogabilidade de sua série *Uncharted* para contar a intensa jornada de Joel e Ellie em meio a uns Estados Unidos arrasados por um fungo que controla o comportamento dos humanos. A ambientação pode ser descrita como apocalipse zumbi, embora a narrativa evite essa denominação. Na história, as criaturas que soam como zumbis, parecem zumbis e agem como zumbis são chamadas de "infectadas".

Por mais que esse pano de fundo tenha inspirado inúmeras histórias de ação — e *The Last of Us* é uma história de ação —, a ênfase está na decadência humana, na ruína social em meio a uma situação de calamidade. Uma narrativa com a qual foi especialmente difícil de lidar em 2020. Em termos cinematográficos, é mais David Cronenberg que George A. Romero. Ambos os jogos compõem uma narrativa digna de *Great American Novel* [Grande romance estadunidense], o Santo Graal buscado pela literatura dos Estados Unidos desde o século XIX, uma saga capaz de representar o espírito da nação, de seu tempo e espaço, um épico para o Novo Mundo. *Moby Dick*, o romance de Herman Melville, exemplifica a categoria e a obsessão literária. *The Last of Us* é isso, embora não seja um livro.

O primeiro jogo da série é protagonizado por Joel, que recebe do grupo rebelde Fireflies a missão de encaminhar a garota Ellie a uma base no prédio do Congresso, sem maiores explicações a princípio. A garota é especial, imune ao vírus, tanto que foi mordida e nada aconteceu. No fim do jogo, em meio a diversas reviravoltas, Joel interrompe a criação de uma vacina. Para salvar Ellie, ele chacina Fireflies.

The Last of Us Part II tem duas protagonistas. Uma é Ellie, alguns anos mais velha. Lésbica, ela vivencia uma cena de amor em meio a uma plantação de maconha e desenvolve um relacionamento com outra personagem, o que causou pânico moral. A outra personagem principal é Abby, dotada de um corpo musculoso. Ela é filha do médico morto por Joel, que desenvolveria a vacina. As duas entram em uma espiral de vingança, perdendo pessoas queridas e a humanidade ao longo da jornada.

Esse é o grande tema do jogo, porém há elementos de representatividade, além de comportamentos e narrativa mais progressistas — o que o faz representar o "lado azul" na guerra cultural, o dos Democratas, no contexto político estadunidense —, embora o game tenha como premissa o uso ostensivo de armas de fogo para resolver problemas, algo que em tese está mais para o espectro político oposto. No entanto, tal fato não entrou no caldeirão de debates por estar normalizado dentro dessa e de outras mídias.

Casualidade da guerra cultural: analisar obras de arte em matrizes de ciências sociais ou ao redor de "mensagens", pensamentos de aroma putrefato de tão anacrônico. Arte não traz uma mensagem. Nem deve, não se presta a isso. A arte é inútil. E é importante que se mantenha assim para dar campo livre e aberto à criação, para a expansão da expressividade humana, sem prestar contas a nada nem ninguém. Sigamos.

Semanas antes do lançamento, *The Last of Us Part II* foi alvo de um vazamento extenso de seu enredo, revelando aspectos da narrativa, o que inflamou ainda mais as discussões em torno do jogo. Alguns fãs ficaram indignados, antes e depois do lançamento, com os rumos que a história tomou. A Naughty Dog não entregou a típica proteção física (não matar ou mutilar) e moral (manter o mesmo tipo de conduta vista anteriormente) aos personagens, movimento tradicional da indústria cultural para extrair mais faturamento. As divisões entre bem e mal, óbvias na maioria das narrativas populares, são tortuosas em *The Last of Us Part II*. O game conjuga momentos de violência sádica com cenas de afeto ímpar. E, ao ir de um polo a outro, termina por reforçar seu peso dramático. A desenvolvedora conseguiu manipular os jogadores por meio de trailers de edição enganosa, induzindo a crença de que a história se daria de um jeito, uma mostra que aparentava revelar tudo.

×

Polêmicas à parte, houve alguns consensos, como a jogabilidade — é o jogo da Naughty Dog mais agradável nesse quesito. Também há um reconhecimento de que, tecnicamente, é uma obra com poucos reparos, entregando a última palavra em termos gráficos. Mais aplausos foram dados pelo esforço em ser mais inclusivo: o jogo conta com dezenas de opções e configurações voltadas para pessoas com deficiências auditivas, motoras e visuais, tanto para cegos ou com baixa visão, deixando a poderosa narrativa acessível a mais pessoas. As novidades foram comemoradas, o que atiçou minha curiosidade e me motivou a testar o funcionamento dessas ferramentas. Para isso, joguei de olhos fechados, sendo a primeira vez que usei ferramentas de acessibilidade nessa situação.[101]

Um aviso importante: as configurações descritas a seguir foram projetadas para atender pessoas com deficiência visual, o que não é meu caso. A intenção aqui é apontar uma nova forma de experienciar a narrativa de *The Last of Us Part II* e videogames em geral. Quem quiser se aprofundar no assunto a partir do relato de uma pessoa cega, recomendo os vídeos (legenda e áudio em inglês) de Steve Saylor, que trabalhou como consultor para a Naughty Dog.[102] Não havia jogado *The Last of Us Part II* antes. Meu conhecimento prévio se resumia aos trailers e jogos anteriores da desenvolvedora — tenho familiaridade com o estilo da Naughty Dog, conhecia sua proximidade com a linguagem cinematográfica. As opções de acessibilidade surgem logo de início. Liguei o conjunto preestabelecido de configurações de acessibilidade visual recomendadas e cobri os olhos. No início, ouvi um homem adulto relatando os acontecimentos do primeiro *The Last of Us*. Eu havia jogado o original alguns anos antes com o áudio em inglês. Como dessa vez decidi jogar em português, pensei que a familiaridade com meu idioma materno ajudaria na experiência, mas demorei em reconhecer quem era o narrador. No entanto, o conteúdo do que estava sendo dito não deixava dúvida: era Joel, o protagonista do primeiro título.

Fui fisgado por esse início, mas me dei conta de uma situação ridícula: por que eu estava sentado em frente à TV

101 VARELLA, João. "*The Last of Us Parte II* é marcante até de olhos fechados", *Start UOL*, 19 set. 2020.
102 "*The Last of Us Part II* — Most accessible game ever! — Accessibility Impressions", canal Steve Saylor, YouTube, 12 jun. 2020.

como se estivesse assistindo? Sem a necessidade de estar de frente para a televisão, aproveitei para jogar o audiogame em diversas posturas e lugares da sala de estar. O único limite era que o controle sem fio não perdesse a conexão com o console. Deu até para aproveitar o sol que bate à tarde em meu apartamento.

Depois da fala inicial de Joel, começa um deslocamento a cavalo por uma região de floresta — os sons não deixam dúvida quanto a isso. A trilha sonora do argentino Gustavo Santaolalla, os silêncios, os ruídos ao redor são aspectos que mantêm o interesse. Percebi, porém, que estava negligenciando o áudio não só como estética, mas enquanto meio de comunicação. Informações como distâncias são transmitidas pelo som em 3D. Meu televisor não estava passando esses dados de maneira cristalina. Pluguei fones de ouvido no controle, e o salto de qualidade foi imenso.

O mais importante efeito sonoro é uma espécie de assobio metálico tocado sempre que o L3 (o botão analógico esquerdo) é pressionado. O botão alinha o personagem rumo ao próximo objetivo. Nessa condição, basta apertar para cima na alavanca analógica esquerda para avançar. Um assobio similar surge ao chegar ao ponto previsto, momento de pressionar L3 novamente. Por isso, na parte de mundo aberto do game, a experiência é mais guiada, próxima dos jogos anteriores da Naughty Dog.

Outros efeitos sonoros indicam quando há obstáculos, assim é preciso apertar X para atravessar passagens estreitas. Há um glossário extenso de sons no menu de pausa, e dominá-los permite percorrer uma curva de aprendizado, similar à de qualquer jogo.

Parte importante da concepção do primeiro game da série é fuçar o cenário em busca de recursos e elementos que revelam um pouco mais da história. *The Last of Us*

Part II de olhos fechados preserva isso. Tive mais paciência para consumir e me envolver com os textos espalhados pelos ambientes. A voz monocórdica de leitura parecia estranha no início, meio locutor de GPS, mas depois me acostumei, comecei a dar ênfase no sentido do que estava sendo lido. E o jogo diz muito dessa maneira. São mensagens de pessoas desesperadas diante de situações-limite.

Há outra ferramenta de comunicação importante: a vibração do joystick. Por meio dela é possível compreender a posição das notas do violão logo no início do game, um puzzle simpático para tocar uma canção a Ellie. Mais adiante, essa mecânica abrirá espaço a um dos momentos mais marcantes da narrativa, em que Ellie (interpretada por Ashley Johnson) toca "Take on me", o sucesso oitentista da banda norueguesa A-ha.

Por fim, outro recurso do joystick bem utilizado é o polêmico touchpad (área sensível ao toque). Apontado como um elemento pouco aproveitado do controle na ludoteca do PlayStation, a Naughty Dog encontrou uma funcionalidade: através dele é possível saber o status da personagem, se ela está de pé, atrás de uma mureta, com a arma empunhada etc. O DualSense, joystick do PlayStation 5, tem potencial de abrir possibilidades nessa seara (falarei mais a respeito na parte 6, em *Astro's Playroom*, ver p. 117).

Parei naquele polêmico beijo no meio da plantação de maconha.

×

Comecei um novo jogo. Dessa vez, com a configuração padrão do game. *The Last of Us Part II* como audiogame chega a ser mais imersivo em certos aspectos. Estranhei algumas paredes invisíveis colocadas para manter o jogador no trilho do roteiro, o jeito desengonçado de Ellie caminhar e algumas dissonâncias ludonarrativas, do tipo "você pode carregar três molotovs na mochila, mas apenas uma garrafa vazia".

Houve choques entre o que agora olhava e o que antes imaginava. Na minha cabeça, na primeira experiência, a comunidade de Jackson, onde Joel e Ellie residem, era mais decrépita. Fui além da parte em que que havia parado na partida anterior, quando estava vendado, e avancei ao momento em que Ellie chega a Seattle.

Retornei à partida inicial, com a configuração acessível a pessoas com deficiência visual e voltei a vendar meus olhos. O jogo estava parado no polêmico beijo, que agora revelava um suave ranger de madeira ao fundo. Outro detalhe que ficou mais claro ao retomar o jogo: o breve silêncio que impera depois que Joel se apresenta para um grupo de forasteiros. Uma sutileza importante. Nesse trecho, nas primeiras horas da narrativa, o game avisa que qualquer coisa pode acontecer. A incerteza é elemento central na composição da ambientação do jogo. Confirmada a suspeita: jogar de olhos vendados é um jeito diferente de voltar à jornada de *The Last of Us Part II*. Prova cabal de que a possibilidade para desfrutar do jogo sem a visão é ampla veio com um jogador cego que conseguiu concluir a jornada com *permadeath* ativado — nesse severo modo, ao falhar, o jogador perde boa parte do seu progresso.[103]

No futuro, quem sabe seja possível disponibilizar recompensas ou configurações para que pessoas que enxergam experimentem com facilidade os audiogames — um comando para escurecer a tela, por exemplo. E, com mais

103 PIERRE. "Jogador cego conclui *The Last of Us Part II* com *permadeath* ativo", *The Last of Us Brasil*, 14 set. 2021.

gente consumindo jogos dessa maneira, talvez a mão invisível do mercado dê um empurrão para que fiquem mais acessíveis.

Parte 5

GOTY

Hades

De tempos em tempos surge um jogo como medida, um marco comparativo. *Super Mario Bros.* era o parâmetro para os jogos de plataforma nos anos 1980 — qualquer lançamento do gênero era imediatamente contrastado com o game da Nintendo. *Street Fighter II* exerceu o mesmo papel nos anos 1990 no gênero de luta. Já no jogo de tiro em primeira pessoa, *Doom* foi o destaque, e assim por diante.

Hades, do estúdio independente Supergiant Games, é um desses casos. O jogo que traz a história de um rapaz tentando escapar do inferno é o referencial de roguelike, gênero surgido há quatro décadas com mais de mil ocorrências só na Steam, a principal loja de games para PC. Compreender os acertos desse jogo exige olhar para seus pares. Roguelike é, junto dos chamados soulslike (os derivados de *Dark Souls*), o gênero mais influente dos anos 2010.

O primeiro jogo do gênero foi *Rogue*. Lançado em 1980, o game trazia elementos que seriam os pilares do gênero: exploração de masmorras, geração procedural de fases e morte permanente — ou seja, pode esquecer o conceito de "número de vidas". Morreu? Perde tudo e volta para o começo. E a nova partida será diferente, pois as fases são geradas por meio de algoritmos.

Há uma subdivisão para jogos que acumulam facilidades a cada tentativa, o roguelite — tão comum que se misturou com o roguelike, e na Steam muitos títulos estão nas duas categorias. É uma forma de recompensar o esforço:

o jogador não sai de mãos abanando. Ao pé da letra, *Hades* é um roguelite. Seus sistemas intercomunicados garantem sempre algum resultado, evitando que a experiência caia na mesmice.

A punição extrema para a derrota, exigindo voltar ao princípio, faz o conteúdo gerar mais horas de jogatina. É um jeito que os produtores independentes encontraram para botar mais água no feijão. *Hades* é um jogo curto. Pela repetição, a jogabilidade é crucial nesses games. Não dá para ser meia-boca, o ciclo precisa instigar. Sua estética, que será contemplada reiteradas vezes, também precisa ser pelo menos agradável. A vala comum onde esses games caem é o enfado. A punição severa e a alta exigência em termos de dificuldade dão a sensação de as partidas terem pouca variedade. Sempre em alta tensão, exigindo atenção e reflexos, tem hora que a adrenalina já não bate. É uma observação que cabe a *Enter the Gungeon*, *Neon Abyss*, *Dead Cells* e tantos outros roguelikes. Tem até Paciência, o famoso jogo de baralho, adaptado para o gênero em *Solitarica*. Pinço um exemplo dessa estirpe, *West of Dead*, também lançado durante a pandemia.

×

Tal como um caubói que exige uma dose tripla de uísque no balcão do salão, *West of Dead* diz a que veio logo de cara. Trata-se de um tiroteio tático e exigente, inserido em um curto ciclo de jogabilidade dentro de um faroeste sombrio.

O game toma emprestados elementos conhecidos para fazer uma mistura única. *West of Dead* é um *twin stick shooter* (como *Dead Nation*), de cobertura (*Gears of War*), roguelite (*Dead Cells*), isométrico (*Diablo*), com ambiente faroeste (*Red Dead Redemption*) — use esta frase sempre que quiser assustar alguém. Menções à parte, a direção de arte traz personalidade própria. A paleta de cores é dessaturada, com sombras de preto sólido — que são importantes para a jogabilidade. Lembra *Creatures in the Well*, outro jogo independente. Dá para apostar o chapéu do John Wayne que a inspiração veio dos quadrinhos *Hellboy*, de Mike Mignola. A dublagem feita por Ron Perlman, intérprete do personagem nos dois filmes dirigidos por Guillermo del Toro, deixa a insinuação ainda mais clara. A voz grave do ator faria o pedido de uísque no salão soar áspero e sujo feito a sola da bota.

A trama se passa no Oeste estadunidense, no fim do século XIX. O jogador é o desmemoriado William Mason, transformado em uma espécie de versão pistoleira do personagem Motoqueiro Fantasma. Para descobrir o que aconteceu, é preciso se embrenhar em igrejas, minas e fazendas do labiríntico purgatório. O enredo não é lá muito importante, age mais como elemento de ambientação e, dessa perspectiva, atinge o objetivo. A jornada de *West of Dead* fundamenta-se na jogabilidade. O jogo exige pensamento tático rápido. É preciso se posicionar e administrar os armamentos. As balas e as habilidades são infinitas, mas precisam de tempo para serem recarregadas (o chamado *cooldown*). Lembra, em termos de filosofia de design, a barra de vigor dos soulslike, como *Bloodborne* e *Nioh*, que punem quem se afobar nos botões e pedem cadência.

Uma vez que as áreas são cobertas de sombras, para saber onde estão os inimigos e fazer a mira automática funcionar é preciso acender lâmpadas no cenário, o que atordoa os adversários. Isso significa que é preciso se mexer — até porque as barricadas não resistem a muitos tiros. Por mais interessante que seja, *West of Dead* não chamou atenção. Ele foi lançado com bugs e desbalanceamentos — corrigidos em algumas semanas —, além de uma câmera que muitas vezes atrapalha. Problemas sim, mas longe de justificar o ostracismo. A razão principal vem da oceânica oferta de jogos. Em 2020 foram 10.263 novos jogos só na plataforma Steam, 28 títulos inéditos a cada 24 horas (ou seja, mais de um novo game por hora).[104] E detalhe: a Steam não é a única loja de games. Diante desse dilúvio, é preciso fazer algo a mais para se destacar.

E aí voltamos a *Hades*. O game tem jogabilidade de ação em perspectiva isométrica com elementos de RPG, na pegada de *Diablo*, *Darksiders Genesis* ou, para ficar no catálogo da Supergiant, *Bastion*. Também é possível compará-lo a *West of Dead*. Assim como o jogo do "cow-hellboy", *Hades* estabelece uma dinâmica de encontros por sala. A porta de saída abre depois que os inimigos são eliminados. O game tem sabor de comida caseira, e há inúmeras personalizações e progressões. Os sistemas são introduzidos paulatinamente para não assustar. Sem se dar conta, o jogador é fisgado por um conjunto coerente de regras.

Ao longo das partidas, são coletados aprimoramentos temporários, como as bênçãos dos deuses, e melhorias permanentes. Para isso, basta juntar quantidade X de recurso Y (sendo Y gemas, chaves, néctares, entre outros) para destravar um benefício. Essa profusão de diferentes tipos de moeda lembra jogos gratuitos que requerem maliciosamente o gasto de dinheiro real para destravar o recurso virtual, o chamado *pay to win* [pague para ganhar]. *Hades* não caiu nesse canto da sereia: soluções ocorrem dentro do jogo, sem cartão de crédito.

Essas progressões recompensadoras incentivam o jogador a testar. Cada morte é uma oportunidade para arriscar algo diferente. A sensação é de que sempre há uma novidade

104 FALAVINA, Iraci. "Steam lança mais de 10 mil jogos e tem 120 milhões de jogadores ativos", *Adrenaline*, 29 abr. 2021.

ou que falta pouco para uma nova possibilidade. Tamanha é a firmeza dos elementos constitutivos do game que ele oferece um recurso de assistência, o modo Deus. Nele, o jogador ganha resistência a danos com efeito cumulativo, aumentando a cada morte. Facilita, mas não quebra o jogo. Com isso, a Supergiant abre a porta de sua narrativa para um público mais amplo — quem não tem habilidade, tempo ou paciência tem uma porta de entrada. Afinal, *Hades* não se restringe a mero jogo de ação. Uma de suas artimanhas para não enjoar é a história. Pela primeira vez, a Supergiant deixa de lado suas narrativas originais para adaptar os conhecidos mitos gregos, constantemente repisados nos games: *God of War*, *Assassin's Creed Odyssey*, *Immortals Fenyx Rising*, *Altered Beast*, por aí vai. Está presente na cultura como um todo, do anime *Cavaleiros do Zodíaco* ao clássico da literatura *Frankenstein*, o "Prometeu moderno" de Mary Shelley. Como a Disney não pode comprar os direitos desses personagens, cada um fica livre para fazer uma releitura das fábulas de Poseidon, Zeus, Atena e companhia.

Hades é protagonizado por Zagreus, um personagem obscuro das lendas. O jogo mostra que ele é o filho do deus Hades e que tenta escapar do submundo do papai, o reino dos mortos. Interações com outros personagens do jogo dão pistas sobre o porquê da intenção do herói de ir à superfície, entre outras tramas envolvendo a galera do Olimpo. Cada partida conta na evolução do enredo, personagens que aparecem pelo caminho comentam o resultado da batalha anterior e acompanham acontecimentos do jogo. Por mais que o game lide com mitologia, o tom evita a solenidade. Às vezes parece que Zagreus é um jovem querendo sair tarde da casa dos pais para uma balada; as brigas entre os deuses lembram uma treta de família no almoço de domingo.

O ritmo lento de exposição da história instiga, é uma das recompensas. Lembra a filosofia de *Transistor*, outro jogo da Supergiant, que revela seu pano de fundo conforme o jogador ativa o uso de certas habilidades, estabelecendo dessa forma uma mecânica de exposição do enredo.

Hades propõe tarefas vistas em simuladores de relacionamento, com conversas e presentes aos personagens para avançar alguns núcleos dramáticos. Sim, isso dá certo: até aí o jogo é refinado.

×

A Supergiant está dedicada a manter uma experiência equilibrada. Antes de chegar à versão 1.0, lançada em setembro de 2020, *Hades* ficou quase dois anos em *early access* [acesso antecipado]. Nesse esquema, os jogadores são avisados de que estão diante de um artefato ainda em desenvolvimento. As reações são usadas para moldar a peça. Foi a primeira vez que a Supergiant usou desse expediente.

O game arquiteta um ambiente estimulante para o jogador criar as próprias combinações, considerando, claro, que há um componente de aleatoriedade na jornada. Quando uma combinação poderosa ocorre, é um grande momento para o videogame. Essa mistura de sorte com cálculo se soma a um vocabulário próprio de efeitos ("eletrificado", "fraqueza", "ataque especial"), o que gera uma sensação parecida com jogos de baralho. Quem conhece o jogo de cartas colecionáveis *Magic: The Gathering* entende o que é uma criatura vermelha dois quartos custo três, voar, ímpeto: são as informações necessárias para compreender suas qualidades e para quais tipos de baralhos e situações serve.

A comparação com cartas também ilustra as possibilidades de combos. Determinadas habilidades podem em um primeiro momento não parecer muito úteis, mas, quando combinadas com outras, geram mais impacto. Para descobrir, é preciso tentar, experimentar, morrer, voltar a tentar sair do inferno.

Hades tem sabor conhecido para quem conhece os três títulos anteriores da Supergiant. Câmera, dubladores, trilha sonora, gráfico e estética em geral são a marca autoral da desenvolvedora.

A direção de arte parece ser uma evolução natural do título anterior, *Pyre*, e se aproxima ainda mais do quadrinho contemporâneo de super-herói. Lembra artistas como Jorge Jiménez, membro da geração que reza no altar de Jack Kirby, mas que desenha direto no tablet.

O áudio também é um deleite, tanto nos tons pausados quanto nas interpretações. Sem ser palhaçada, as linhas espirituosas funcionam, entregam um clima próprio para os momentos de calmaria. Aspecto importante, pois, como se trata de uma produção independente, não há grandes cinemáticas para avançar a trama. A música é quase um personagem. *Hades* investe em harmonizações instrumentais, do mediterrâneo a stoner rock. Em alguns momentos soa como se o Queens of the Stone Age convidasse uma orquestra para uma *jam* dionisíaca no Partenon. É mais um acerto do compositor Darren Korb.

É tocante testemunhar a trajetória da Supergiant, estúdio independente de San Francisco. Estourou em sua estreia com *Bastion*, em 2011, e gradativamente perdeu prestígio e atenção com seus lançamentos seguintes, *Transistor*, de 2014, e *Pyre*, de 2017. Embora mantivessem altos padrões de qualidade, os jogos apontavam para uma trilha de jogabilidade experimental. Pois ela voltou a oferecer uma mecânica cristalina em *Hades*, o melhor de 2020, o *Game of the Year* [Jogo do ano] (Goty), como a comunidade gamer gosta de dizer. Vá para o inferno e agradeça por isso.

Parte 6

NOVOS CONSOLES

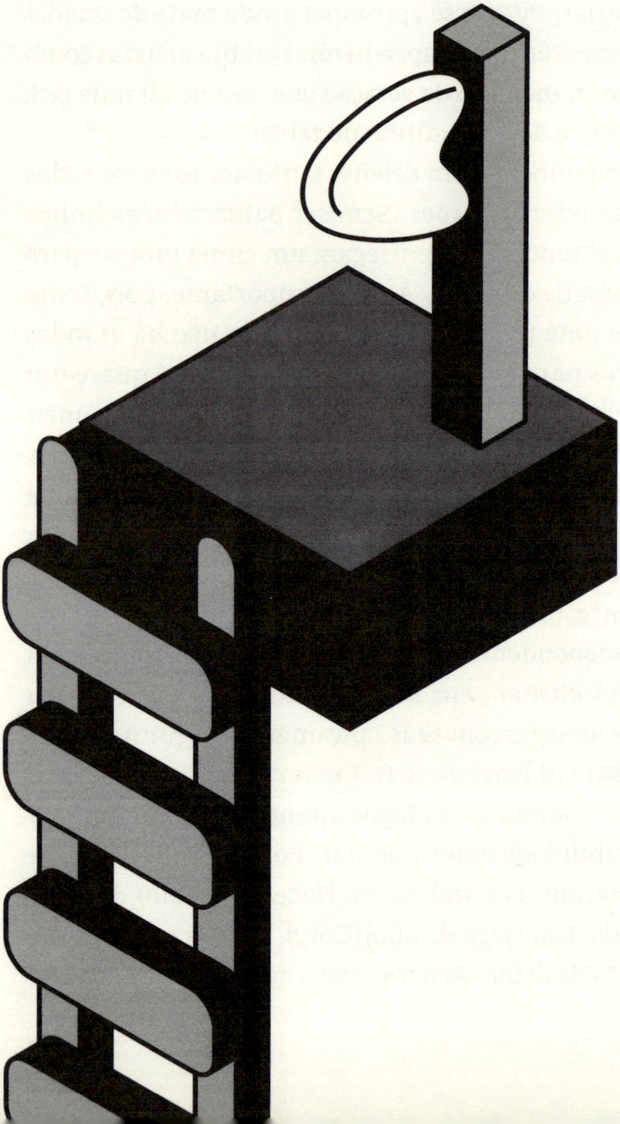

A nova geração[105]

Raramente a palavra "elegante" é associada a uma solução eletrônica e de tecnologia — cabos e fios enrolados costumam inviabilizar o termo. Em relação a conceitos, "elegante" é um vocábulo justo para descrever a ideia de Ralph Baer (1922-2014) e sua Brown Box, o primeiro console.

De um lado, televisão e console, conectados através de uma linha com o controle e o jogador, um quadrado aprimorado ao longo do tempo, jamais quebrado. Já os fliperamas comprimem esses quatro pontos, tornando a jogatina pública. E o console de 1976 Fairchild Channel F estabeleceu a lógica de circuito incompleto, à espera de um cartucho para completar o ciclo e promover novas experiências. A internet possibilitou que a geometria doméstica residencial se conectasse à de amigos ou desconhecidos. Os controles contemporâneos dispensam o fio, mas mantêm a conexão jogador-tela.

São os consoles que organizam a história de meio século dessa mídia através das chamadas "gerações". É uma forma de separar as fornadas de aparelhos, cada uma ampliando as fronteiras do entretenimento digital, delimitadas por hardware, software e, mais recentemente, conexão à internet. São como os limites das câmeras e as leis da ótica para a fotografia.

105 VARELLA, João. "Lançamentos do PlayStation, Xbox e Atari acirram guerra nos games", *Veja*, 13 nov. 2020.

Cada geração também marca a competitividade das empresas envolvidas, no que desemboca no que conhecemos como guerra de consoles. Esses embates de ordem simbólica (do ponto de vista de parte dos jogadores) e capitalista (para as empresas) foram evidenciados nos anos 1990, entre Nintendo e Sega. A briga pela liderança da quarta geração terminou com uma vitória pírrica da Nintendo. Quem assumiria a liderança na geração seguinte seria a Sony, com seu PlayStation.

No fim de 2020, uma nova disputa se deu. A Sony atualizou seu dispositivo praticamente ao mesmo tempo que a Microsoft, sua concorrente direta, dando início à nona geração. Em termos de venda, quem ganhou a disputa não foi nem uma nem outra: discretamente, a Nintendo vendeu mais unidades de seu Switch, aparelho lançado em 2017.[106] Houve o fenômeno *Animal Crossing: New Horizons*, e *Hades* foi lançado apenas para Switch e PC em um primeiro momento. Mesmo assim, o console careceu de lançamentos robustos ao longo do ano. Prova que a Nintendo cativou um público próprio, que concorda com a compensação da falta de arrojo técnico pela criatividade.

Resultados financeiros à parte, o choque PlayStation/Xbox se espraiou. O aumento na necessidade de chips para consoles e outros eletrônicos, somado à dificuldade de produção por causa da pandemia, atrasou a produção de celulares[107] e automóveis, colocando as montadoras em

106 GILBERT, Ben. "Forget about the PS5 and new Xbox: Nintendo is dominating console sales this holiday season", *Insider*, 16 dez. 2020.

107 "Samsung alerta que falta de chips no mercado poderá atrasar chegada do novo Galaxy Note", *O Globo*, 17 mar. 2021.

uma fila de espera na qual não há prioridade.[108] Pudera, os automóveis são cada vez mais computadores em quatro rodas. A indústria automobilística brasileira registrou sucessivas quedas nas vendas de veículos novos, o que impactou o PIB.[109]

A alta na demanda atingiu também as GPUs, placas de vídeo que nada mais são do que chips voltados ao processamento gráfico. Porém, outra razão agravou a escassez — as bitcoins —, pois os componentes eletrônicos são usados para a mineração da criptomoeda mais popular. Enquanto uns choram, a Nvidia vende lenço: a fabricante de GPUs resolveu lançar um produto específico para quem quer trabalhar com bitcoin, aliviando, em tese, a necessidade da peça voltada aos games.[110]

Nesse cenário, as dinâmicas capitalistas tomaram conta. Diante da dificuldade das fabricantes de consoles em atender à demanda, cambistas (*scalpers*) passaram a monitorar por meio de programas automatizados a chegada de novos produtos nas lojas virtuais, com o objetivo de comprar e revender com ágio. A escassez formou uma subcultura de grupos de Reddit, Telegram, comunidades virtuais de ansiosos.[111] A reposição dos estoques nos varejistas virava notícia nos portais especializados. John Carmack, um dos criadores de *Doom*, propôs que os fabrican-

108 EWING, Jack & CLARK, Don. "Lack of tiny parts disrupts auto factories worldwide", *The New York Times*, 13 jan. 2021.
109 SILVA, Cleide. "Por falta de peças, venda de carro zero desaba 25% e sinaliza impacto no PIB", *O Estado de S. Paulo*, 5 out. 2021.
110 IGNACIO, Bruno. "Nvidia limita desempenho da RTX 3060 para quem minera criptomoeda", *Tecnoblog*, 18 fev. 2021.
111 ARGUELLO, Diego. "Hunting for a PS5 has become an entire subculture", *Polygon*, 1º mar. 2021.

tes fizessem leilões para coibir os cambistas.[112] O Reino Unido chegou a acenar com a possibilidade de instituir uma lei para coibir a prática.[113]

No Brasil, a movimentação mais importante se deu com um corte nos impostos, que resultou na diminuição do preço dos aparelhos. Contrário à arte, educação e cultura, Jair Bolsonaro privilegiou os videogames, seguindo a cartilha de extrema direita de Steve Bannon. Esse foi o segundo alívio fiscal para o segmento em sua administração, na esperança de colher dividendos políticos. Em 2021, decretou a terceira redução de impostos.[114]

O auê ao redor da nova geração ocorre porque Sony e Microsoft protagonizam o Fla-Flu dos videogames com seus dispositivos PlayStation e Xbox — são a Sega e a Nintendo contemporâneas. Há perfis populares na internet dedicados a defender a empresa preferida e difamar a adversária. Em plena pandemia, com o uso de redes sociais ainda mais intenso, as visadas marcas inauguraram uma nova geração, com a comunidade do videogame acompanhando anúncio a anúncio. A expectativa não foi em vão: os aparelhos de fato ampliam os limites do entretenimento digital em aspectos técnicos, artísticos e econômicos.

Tanto PlayStation 5 quanto Xbox Series S e X trazem gráficos avançados e um sistema de armazenamento diferente. Em vez de HDs, eles operam com SSD, formato que permite ao videogame acessar dados mais rapidamente. Com

112 Tuíte de John Carmack em sua conta no Twitter, 19 fev. 2021.
113 MARTIN, Alexander. "Shortage of PS5 and Xbox consoles drives calls for scalping to be criminalised", *Sky News*, 8 fev. 2021.
114 ARRAZ, Lucas. "Bolsonaro decreta nova redução de impostos para videogames no Brasil", *Canaltech*, 12 ago. 2021.

o SSD, as telas de carregamento — quando o game pede uma pausa para abrir o conteúdo — devem ser reduzidas a poucos segundos ou até completamente eliminadas, o que abre um vasto campo de possibilidades para os desenvolvedores.

Para exemplificar, um ponto alto da geração de videogames anterior foi *God of War*, que teve de usar algumas gambiarras para narrar sua saga. O jogo de 2018 para PlayStation 4 conta a jornada do deus Kratos, que realiza uma última homenagem à mulher morta e, com isso, estabelece vínculos com o filho.

A linguagem adotada no game é a de um grande plano-sequência — como acontece no filme *1917*, dirigido por Sam Mendes. Para evitar que uma tela de carregamento cortasse o barato, os produtores puseram obstáculos como portas pesadas e corredores estreitos. Enquanto o videogame exibe a animação do personagem superando a barreira, dá tempo de o console carregar os elementos à frente. A Naughty Dog é outra que recorre a expedientes similares em seu *The Last of Us*.

A maioria dos desenvolvedores nem tenta o drible e entrega uma tela estática com uma barra se enchendo: uma quebra brutal da imersão. É esse o problema que os SSDs atacam. Um efeito secundário é que eles são mais silenciosos. Um apelido informal e hiperbólico do PlayStation 4 é "turbina de avião", tamanho o ruído que o console produz. A evolução do sistema de armazenamento é sempre importante. Foi o que ocorreu quando os videogames trocaram os cartuchos pelos CDs na década de 1990. A mudança permitiu, por exemplo, a exibição de filmes para contar histórias. O mercado pode não ser grande o suficiente para os competidores seguirem exatamente a mesma estratégia. Outra novidade é que os aparelhos podem rodar em resolução 4K, 120 frames por segundo e com o chamado *ray tracing*, ou rastreamento de raios. Este último é o mais recente fetiche da tecnologia, um tipo de renderização que calcula trajetos de luz, reflexos e sombras.

No entanto, o potencial pleno dos aparelhos deve ser revelado no futuro. Dois fatores seguram o avanço. A questão inicial é o mercado: os primeiros lançamentos são desenvolvidos considerando também os videogames antigos, que contam com maior base instalada. A outra é a familiaridade dos desenvolvedores com as máquinas, que aumenta conforme a familiaridade com o novo aparelho. Dito isso, é hora de mergulhar nas possibilidades de cada um.

PlayStation 5

O PlayStation 5 tem a missão de suceder um dos produtos de tecnologia de maior êxito da última década. Líder do segmento, a série anterior embarcou mais de 110 milhões de unidades desde seu lançamento, em 2013. É o segundo console mais vendido da história. Só perde para outro PlayStation, o 2, com potencial de chegar ao topo, caso a Sony estivesse disposta a continuar investindo no aparelho — é normal que os consoles antigos convivam por um tempo com seus sucessores.

A mais recente versão se mostrou digna da tarefa, com vendas de 4,5 milhões entre seu lançamento e o fim de 2020,[115] indo além de seu antecessor.[116] Para manter sua base de usuários, o PlayStation 5 oferece compatibilidade

115 BYFORD, Sam. "Sony sold 4.5 million PlayStation 5 consoles last year", *The Verge*, 3 fev. 2021.
116 LEEDHAM, Robert. "PlayStation's Jim Ryan: 'We're making a completely new VR format for PS5'", GQ *Magazine*, 23 fev. 2021.

com a maior parte dos jogos do videogame anterior na chamada retrocompatibilidade. São oferecidas duas versões do aparelho, uma com leitor de disco e outra mais barata, porém sem entrada para nenhum tipo de mídia física.

A proposta da empresa para manter a liderança são os jogos exclusivos da plataforma, com altas produções feitas em estúdios próprios da Sony. Títulos como *The Last of Us*, *God of War* e *Horizon Zero Dawn* estão entre os mais celebrados da última década.

Em termos de design físico, o dispositivo é o maior já lançado. Na posição vertical, tem 39 centímetros de altura (40,5 centímetros com a base circular para deixar o aparelho em pé), nove centímetros de largura (sem contar a base de quinze centímetros de diâmetro) e 26 de profundidade. Pesa pouco mais de quatro quilos. O controle também conta com novidades (ver *Astro's Playroom*, p. 117). A Sony abandonou a postura discreta dos antecessores e deu um ar de desenho dos Jetsons ao PlayStation 5.

No design digital, a empresa aproveitou para implementar mudanças em diversos aspectos da interface. Do aplicativo de celular à experiência do usuário, o reformismo atingiu até o sistema de troféus. Postura oposta à da concorrente.

Xbox

É no terceiro console que as fabricantes tombam. A Nintendo perdeu a liderança do mercado com seu terceiro lançamento, o Nintendo 64; a Sega perdeu o embalo do Mega Drive com o sucessor Saturn; a Sony ousou errado com a arquitetura e o design pavorosos no PlayStation 3. A vez da Microsoft cair do cavalo veio com o Xbox One, seu terceiro, apresentado com inúmeros problemas: exigência de conexão, política complicada para jogo usado, obrigatoriedade de compra conjunta com o acessório (e preço mais caro por isso), ênfase em recursos televisivos, entre outras mensagens truncadas. Por mais que parte dos anúncios tenha sido desfeita antes de o aparelho chegar aos consumidores, sua imagem já estava manchada.

Se o Xbox One se resumisse aos seus primeiros anos, seria mais um fracasso do clube dos terceiros. No entanto, no meio de seu ciclo, a Microsoft corrigiu os rumos e lançou o serviço de assinatura Game Pass.

O Xbox Series S e o X dão ainda mais ênfase na proposta de serviço com cobrança recorrente. Se PlayStation é cinema, Xbox é Netflix; se PlayStation é restaurante à la carte, Xbox é bufê livre. O "coma quanto puder" da Microsoft é o Game Pass. Lançado em 2017, tem mensalidades que, comparada ao preço individual dos jogos, é acessível. O valor de um lançamento cobre meses de assinatura, variando conforme o país, o câmbio e o plano.

O Xbox explora a tecnologia SSD para oferecer o *quick resume* [retomada rápida], que permite alternar entre jogos de onde se parou de jogar, sem a necessidade de carregar o ponto de salvamento. É mais uma vantagem desse tipo de sistema de armazenamento que traz maior velocidade de leitura, um estímulo para provar outros pratos, embora tenha tido problemas no início de sua implementação — jogadores registraram perdas de salvamentos em *Assassin's Creed Valhalla* nos primeiros dias após o lançamento.

A Microsoft disponibiliza seus lançamentos diretamente no Game Pass, incluindo títulos de séries de peso como *Gears* e *Forza*. O leque ficou ainda mais amplo graças a um convênio com a produtora estadunidense Electronic Arts (EA). Com isso, os assinantes do pacote Ultimate, que já tinham serviços no console, no PC e na nuvem, receberam acesso a itens populares do catálogo da companhia, como *Fifa* e *Star Wars*, sem custo extra — fora a Live Gold, que entrega games quinzenalmente e dá acesso a jogatinas on-line. A relação custo-benefício é uma barganha tão poderosa que soa quase como um roubo. Há quem enxergue que a Microsoft está em fase de aquisição de usuários para futuramente lucrar com o ganho de escala.[117]

A busca por novos usuários levou a Microsoft a criar estratégias inusitadas, como oferecer acesso ao Game Pass como brinde de chiclete. A ênfase no serviço é tão grande no marketing da empresa que parece até que a venda do console é algo secundário. O foco é obter mais usuários. No início de 2021, o Game Pass tinha dezoito milhões de assinantes.[118]

Cabe reduzir o zoom e enxergar a Microsoft além do Xbox. A empresa sinaliza dar uma guinada amigável em diversos setores. Um exemplo foi a postura adotada pela empresa ao declarar que Google e Facebook, concorrentes diretos em diversos segmentos, deveriam pagar por conteúdo jornalístico. A companhia estadunidense se comprometeu a respeitar a lei australiana que obriga a remuneração de produtores porque isso "fortalece a democracia".[119]

De um ponto de vista mais pragmático, o Microsoft Rewards, programa de milhagem pelo uso dos serviços da Microsoft, oferece a possibilidade de doações a instituições de caridade, descontos ou mensalidades grátis de alguns serviços — inclusive o Game Pass. Outro movimento "do bem": ao atualizar o aplicativo de Xbox para

117 TAPSELL, Chris. "Is Xbox Game Pass too good to be true?", *Eurogamer*, 18 fev. 2021.

118 WARREN, Tom. "Xbox Game Pass subscribers hit 18 million", *The Verge*, 26 jan. 2021.

119 SMITH, Brad. "Microsoft's endorsement of Australia's proposal on technology and the news", *Microsoft*, 11 fev. 2021.

celulares, as conquistas ficaram para trás.[120] Na versão anterior, o app fazia até comparações entre os usuários para ver quem tinha mais pontos, estimulando a competitividade. A empresa fundada por Bill Gates, que nos anos 1990 tinha má fama (ou, melhor dizendo, fama de má), quer ser a nova dona do slogan *"Don't be evil"* [Não seja mau], antes usado pelo Google. Com seu novo console, a dona do Windows surpreende por adotar uma postura de continuidade radical. A sensação de se usar um Xbox Series é praticamente igual à do console anterior, o Xbox One. Isso significa que problemas como o controle à pilha e a interface confusa persistem. No entanto, a retrocompatibilidade é parte cristalina da estratégia. Jogadores não perdem softwares ou hardwares na transição — mais um exemplo da parceria amigona.

A Microsoft inovou ao lançar dois modelos com substanciais diferenças ao mesmo tempo: o Xbox Series S, mais barato e de configurações mais modestas, e o Series X, com valor equivalente ao do PlayStation 5 e configurações parrudas.

×

Playstation 5 e Xbox são ambos equipamentos tecnológicos potentes, só que, sem os jogos, não passam de meras peças decorativas. Entendidos os novos aparelhos, vamos a seguir mergulhar em *Astro's Playroom*, exemplo de game de lançamento do PlayStation 5, e em *Tetris Effect: Connected*, do Xbox.

120 WRIGHT, Steve. "The new Xbox mobile app is great but missing Achievements & Store", *Stevivor*, 21 out. 2020.

Astro's Playroom[121]

Uma das apostas da Sony para diferenciar a experiência em seu sistema é o controle. O DualSense vai além da típica trepidação presente desde os anos 1990, colocando de vez o tato junto à visão e à audição para incrementar a fruição dos jogos eletrônicos. A vibração agora chega a diferentes intensidades e regiões do joystick, mas não só.

Somam-se gatilhos adaptáveis, que oferecem maior resistência conforme a narrativa do jogo (por exemplo: game de automobilismo com diferentes pesos para o acelerador dependendo do modelo do veículo ou da condição da estrada), região sensível ao toque, alto-falante e microfone embutidos. Essas são características que, se exploradas pelos desenvolvedores, fomentarão experiências inovadoras. A apresentação desses recursos fica a cargo de *Astro's Playroom*, que já vem na memória. O jogo é a comissão de frente de um console novo imbuído de espírito tradicional, ainda fiel ao conceito de mudança brusca na transição de geração.

É o mais popular do PlayStation 5 e sempre será, a não ser que a Sony deixe de o pré-instalar gratuitamente em seu console. Tal como um *Alex Kidd* do Master System, o robozinho protagonista do jogo, Astro Bot, consolida sua candidatura a mascote do videogame.

121 VARELLA, João. "*Astro's Playroom* é #publi PlayStation com coração Nintendo", *Start UOL*, 21 dez. 2020.

O personagem já havia sido usado em uma das mais aplaudidas experiências em realidade virtual da Sony, *Astro Bot Rescue Mission*, de 2018. Diversos elementos gráficos e sonoros do game foram reaproveitados em *Astro's Playroom*, que vai além da mera demonstração técnica das possibilidades do PlayStation 5. É um jogo completo, com começo, meio e fim, armado para alegrar os compradores do aparelho. A jornada mergulha na nostalgia da marca. Ou seria mais preciso chamar de marketing?

As duas alternativas convivem em *Astro's Playroom*. Aliás, não é só o videogame que lida com esse dilema: a chamada indústria cultural confunde maliciosamente arte e mercado, coloca ambos no mesmo balaio em qualquer linguagem de expressão. Os que aceitam essa manobra do capitalismo em *Astro's* desfrutarão de uma jornada cheia de humor e afeto por um bom pedaço da trajetória dos videogames. O jogo toma os signos da marca PlayStation e os usa em sua ambientação. Há um sem-fim de paródias de games que marcaram a trajetória da marca espalhadas pelas fases. De *Crash Bandicoot* a *Death Stranding*, nenhum título importante foi esquecido nas zoeiras dos robozinhos. Ver um boneco com peruca grisalha vestindo a jaqueta do Dante, enquanto mantém outro personagem no ar com tiros de uma arma de bolinhas coloridas, arranca sorrisos de qualquer um que conheça *Devil May Cry*.

Os desenhos dos botões — quadrado, círculo (chamado no Brasil de "bolinha"), xis e triângulo —, que a Sony chama sem constrangimento de "símbolos sagrados", estão espalhados feito mato.

Cada área assume como eixo temático algum aspecto técnico do novo console. Os temas ásperos ganham ares de fantasia e parque temático ao estilo do filme *Detona Ralph*. O SSD virou uma pista de alta velocidade para naves, por exemplo.

Para completar o clima de celebração e auto-homenagem, o jogador é estimulado a colecionar quinquilharias lançadas com a marca PlayStation, coisas que até os mais fervorosos fãs esqueceram, como o PocketStation, Buzz e tranqueiras que saíram para a versão portátil, o PSP. Esse "jogo na memória" é, no fim das contas, um advergame, mistura de publicidade (*advertising*) com jogo.

A era de ouro desse "gênero" se deu no começo dos anos 1990. A versão disponível para PlayStation 5 é, portanto, descendente de *Cool Spot*, *Yo! Noid*, *Chester Cheetah: Too Cool to Fool*, entre outros games de mascote feitos para fins propagandísticos. É o mesmo grupo de *Mineirinho Ultra Adventures*, protagonizado pela mascote do restaurante Dom Zelittu's, localizado na cidade de Itaguaí, no Rio de Janeiro,[122] e considerado um dos piores jogos do Brasil. Se fosse um post de influenciador digital, *Astro's* viria com a hashtag #ad ou #publi.

Certo, o jogo é brinde. Isso valida a publicidade? É o modelo de negócio que viabiliza criações como *Astro's Playroom*? Grátis, porém acessível por meio de um aparelho que custa alguns salários. Esses elementos mercadológicos merecem ser trazidos à baila na análise do título? A labiríntica discussão não se esgota.

×

A parte "game" funciona tão bem quanto a "adver". A movimentação de plataforma opera de acordo com outros jogos em 3D. Em essência, Astro Bot pula e soca, tal um *New Super Lucky's Tale* ou *Sackboy: A Big Adventure*. O dife-

122 IZIDRO, Bruno. "O pior game brasileiro já feito será destaque num evento gringo de speedrun", *Vice*, 27 jun. 2018.

rencial vem pelo controle DualSense. Certos obstáculos pedem o uso de recursos do aparelho novo. É preciso soprar o joystick, uma forma criativa de usar o microfone integrado. Tem corrida no touchpad, asa delta com sensor de movimento, flecha com gatilho, catavento para soprar o microfone do controle — mais uma vez, lembrando um aparelho da Nintendo, só que nesse caso é o portátil DS.

O leque se abre ainda mais com as misturas: com um traje de macaco, é possível escalar utilizando o sensor de movimento, e para segurar em pedras deve-se apertar alternadamente os gatilhos. *Astro's Playroom* soa como um jogo perdido do Wii, o console da Nintendo de 2006 que tinha como diferencial seus sensores de movimento e que constituiu uma ludoteca com atividades que pediam movimentação dos jogadores em clima de brincadeira.

Além do controle, o game mostra regularidade nos gráficos e carregamento rápido. Em suas três horas de conteúdo, *Astro's* oferece uma gota densa da nova geração de consoles, bem-acabada e estável.

A Sony é a última empresa a trabalhar firme com o conceito de geração de consoles. Há dores, como a falta de diálogo com muitos recursos do PlayStation anterior. No entanto, há também prazeres, como *Astro's Playroom*.

Agora é aguardar para conferir se essas possibilidades demonstradas no cartão de visitas do console são só marketing ou se serão usadas no futuro. Por falar em Nintendo, a empresa bem que introduziu uma série de funcionalidades no controle do Switch, em 2017. No entanto, grande parte dos recursos foi esquecida pelos desenvolvedores. Possibilidades do controle como HD Rumble e infravermelho foram pouco explorados. Videogame é hardware + software, se uma parte não embarca na proposta da outra, o jogo não acontece.

Tetris Effect: Connected[123]

Tetris detém um pesado apelido: jogo perfeito. Somam-se a isso recorde de vendas e influência digna das obras mais relevantes da história. *Tetris Effect: Connected* reitera essa manifestação cultural na forma de um divã no meio de uma festa rave on-line.

O novo jogo é carregado de cores, mas nem sempre foi assim. Criado em 1984 pelo russo Alexey Pajitnov, *Tetris* ganhou o mundo quando veio gratuitamente no portátil monocromático Game Boy, em 1989. A simplicidade da proposta — preencher linhas horizontais com peças que caem do alto da tela —, somada à força da Nintendo, então hegemônica no mercado, alastrou os blocos de quatro partes pelos quatro cantos do mundo.

O título volta a abençoar o lançamento de um aparelho de videogame. *Tetris Effect: Connected* acompanhou a chegada do Xbox Series S e X.

Antes de seguirmos, é preciso falar sobre como a transição de geração de consoles da Microsoft foi heterodoxa. Não houve título de lançamento no entendimento tradicional do termo, daqueles que exigem a compra do novo console para ser usufruído. O primeiro jogo a não rodar no Xbox One e exigir um Xbox Series só surgiu no fim de

123 VARELLA, João. "*Tetris Effect: Connected* promove rave mental com o clássico jogo de blocos", *Start UOL*, 13 dez. 2020.

janeiro de 2021 com *The Medium*. Ainda se deve levar em conta que jogos de Xbox também saem para PC — afinal, Windows é Microsoft.

Não que isso tenha sido planejado. Cabia a *Halo Infinite* ser o símbolo da mudança. É o novo jogo da franquia símbolo da Xbox, que estabeleceu padrões para a experiência de tiro em primeira pessoa nos consoles. Criado pela Bungie, o game passou a ser desenvolvido pela 343 Industries. A tarefa não era fácil. A Bungie deixa a série no seu auge com *Halo: Reach*, uma narrativa cuja influência pode ser percebida em filmes como *Rogue One: uma história Star Wars*. A 343 toca o barco desde *Halo 4*, com a série perdendo prestígio desde então. *Halo Infinite*, que não havia sido lançado até a publicação deste livro, marca a espera mais prolongada para um jogo principal da série, inaugurada em 2001.

Uma apresentação dele em julho de 2020 virou piada por causa dos gráficos considerados ruins pelos jogadores. Um inimigo batizado pela internet de Craig virou o símbolo do fiasco. Após a recepção negativa, veio o anúncio do atraso.[124] Master Chief, o protagonista de Halo, continuava a estampar as caixas do Xbox Series X. Sem a ópera espacial, a tarefa de representar as maravilhas da nova geração de Xbox coube a títulos sem o mesmo impacto, como o jogo de mundo aberto com combate aéreo *The Falconeer* e *Tetris Effect: Connected*.

Cabe aqui explicar que *Tetris Effect* foi lançado em 2018 para PlayStation 4 e em 2019 para PC. A grande lacuna do jogo era um modo multijogador, que foi adicionado em *Connected*. A versão nasceu exclusiva, por algum tempo,

124 MADSEN, Hayes. "Halo Infinite Backlash & Graphics Complaints Explained", *Screen Rant*, 27 jul. 2020.

nas plataformas Microsoft. O título está disponível para Game Pass, o serviço que representa o principal atrativo do ecossistema Xbox.

Voltando às peças geométricas: dos Brick Games, maquininhas vendidas nos camelôs, às gerações de consoles mais avançadas, *Tetris* sempre se infiltra. O game já foi esfera (*Tetrisphere*, 1997), misturou-se com bolhas coloridas (*Puyo Puyo Tetris*, 2014) e entrou na onda dos jogos de batalha real (*Tetris* 99, 2019).

É tanto *Tetris* que ele se instalou na mente das pessoas. Virou conceito de psicologia. A síndrome ou o efeito Tetris ocorre quando alguém dedica tanto tempo a uma atividade que acaba mantendo os pensamentos dentro do padrão, mesmo após abandoná-la. Isso significa que, ao jogar muito, a pessoa começa a ver peças geométricas por todos os lados, seja dirigindo um carro, lavando a louça ou lendo um livro. O efeito acontece também com outros jogos de formas e propostas bem demarcadas (*The Witness*, por exemplo), mas *Tetris* batizou esse fenômeno.

Os desenvolvedores sabem do envolvimento psicológico gerado pelo ato de organizar peças em *Tetris*. O game aproveita da mecânica consagrada há décadas para adicionar camadas sensoriais. Graças a efeitos visuais avançados, fica ainda mais hipnótico, gera *flow* [fluxo].

Hora de explicar o que é esse tal de *flow*. No filme *Soul*, da Disney/Pixar, ele é mostrado como um estado mental de conexão com o além. O oposto são as almas perdidas, que perderam a conexão com a vida por causa de obsessões. O personagem Moonwind afirma ter virado uma alma perdida por causa de *Tetris*.

O conceito de *flow* é sério. Na década de 1970, o psicólogo Mihaly Csikszentmihalyi (parece que um gato passeou no teclado, mas o nome é esse mesmo) descobriu que a habilidade de uma pessoa e a dificuldade de uma tarefa interagem para resultar em diferentes estados emocionais. O *flow* surge quando habilidade e dificuldade estão equilibradas. Nesse estado, as horas passam e o jogador nem se dá conta, ou, para deixar mais coloquial, fica vidrado. *Tetris* oferece amplo leque de *flow*, a velocidade com que as peças caem engaja usuários dos mais diferentes níveis de acuidade.

A partir do pilar de *Tetris*, o diretor de *Tetris Effect*, Tetsuya Mizuguchi — o mesmo de *Rez*, *Lumines* e da pérola perdida do Kinect *Child of Eden* —, ergueu um pilar. Em volta dele, armou um barracão para uma festa rave.

Tetris Effect tem uma toada de psicodelia-techno. É uma Te-trip. Os cenários do jogo não fariam feio em uma projeção no palco de David Guetta ou Steve Aoki. Universo, fundo do mar e deserto são algumas das paisagens que servirão de base para um desfile de formas e cores, com boa dose de dinamismo e abstração. É diverso e coerente.

Se esse jogo fosse um quadro, o plano de fundo seria tão importante quanto o destaque. A prioridade é o imagético em detrimento até do jogo em si — às vezes as cores das peças se misturam, atrapalham.

A música é tão importante quanto o visual. As faixas transitam por subgêneros da electronic dance music (EDM), do ritmo marcado do electro ao relaxante chillhop — de vez em quando parece que soltaram a Enya no espaço sideral. Sim, o mesmo jogo consegue abraçar diversos estados de espírito, do relaxante ao frenético, sem parecer forçado: ânimos abraçados pela simplicidade de *Tetris*.

O excesso de estímulos, porém, pode empapuçar as sinapses, assim como uma rave que dura mais tempo do que deveria.

Em termos de jogabilidade, *Tetris Effect* traz o que já pode ser entendido como convenções dos mais recentes jogos da franquia. Uma dessas evoluções é o comando Hold, que permite guardar uma peça para ser usada depois.

A novidade é o Zone Effect, uma barra que se enche conforme o jogador elimina linhas e que pode ser usada para parar o tempo. Assim, dá para limpar mais de dez linhas em uma jogada só, um marco para as regras tão demarcadas do *Tetris*. Alcançar Perfectris, eliminação de dezoito linhas de uma vez, é um jogo dentro do jogo.

Zone Effect é a essência do acréscimo mais interessante de *Connected*, as Zone Battles. São lutas um contra um, on-line ou local, em que as linhas destruídas são inseridas no fosso do adversário. Por causa da nova mecânica, há agora também mais um raciocínio de risco e recompensa. Vale a pena arriscar acumular barra para fazer um grande ataque? O jeito é prestar atenção também nos movimentos do adversário.

Decididas em até três rounds que duram de um a cinco minutos, esse modo reforça a vocação casual de *Tetris*. Atende muito bem uma providencial partidinha na pausa do almoço (que podem ser duas, quem sabe).

Há também outros dois modos PvP (*player vs. player*, ou jogador contra jogador), que viram competição para ver quem faz mais pontos. Sem novidades, remetem às versões antigas de *Tetris*. Um deles simula o ambiente e as regras da versão do Game Boy.

Já *Connected* oferece um modo cooperativo delirante. Três jogadores tentam derrotar chefes controlados pelo computador e representados por constelações. Para atacar os inimigos, as matrizes dos jogadores se unificam. Os movimentos precisam ser coordenados para formar linhas e mandar blocos para a tela do inimigo. E isso é só o começo da pira. Aqui o conceito de *Tetris* extrapola, pois os inimigos atacam com explosões de blocos, bloqueio de funções, entre outras estranhezas.

Esse estilo não atraiu. Encontrar partidas demora, e, quando são achadas, há o risco de um jogador abandonar no meio. Não há punição para esse comportamento. *Connected* é só uma curiosidade.

O game também permite jogatinas solitárias. O modo Journey, equivalente à campanha, faz o jogador passar pelos mais de trinta cenários com mecânicas *Tetris* familiares. Fora mudanças bruscas de velocidade, não há grandes surpresas (e nem precisa).

Quer mais? Dentro do modo Effects há fases que pedem tarefas específicas, um desafio para pensar o jogo de outra forma. Há missões de limpar toda a tela, de fazer o máximo de pontos em alguns minutos, e por aí vai. Cada uma é recomendada a um estado de espírito.

Seja do modo que for, *Tetris Effect: Connected* é um belo pretexto para revisitar um clássico, mesmo que seja com um divã no meio da rave.

O fim dos consoles[125]

Nuvens se acumulam no horizonte dos videogames. A mais digital das mídias seguirá o caminho da música, dos filmes e das séries: vai se desmaterializar. Ou, dentro da metáfora da nuvem, deixará o estado líquido e passará ao gasoso. O ano de 2021 marca o início da netflixazão dos games no Brasil.

A bola da vez é o *cloud gaming*, ou jogo na nuvem, que promete fazer qualquer dispositivo conectado à internet rodar jogos de última geração. Trocando em miúdos, mesmo o celular mais básico conseguirá abrir o estado da arte em termos de jogos, como o *Microsoft Flight Simulator 2020*. Mais importante que a configuração do aparelho é uma boa conexão à internet.

É a lógica do streaming — não confundir com as transmissões ao vivo na Twitch de Gaules, Alanzoka e Neymar. Essa palavra, que abarca muitos elementos da vida digitalizada, aqui tem um sentido mais próximo de serviços como Netflix, Disney+ e Globoplay. Agora essa tecnologia passa a simular um console.

Muitos têm contato com a nuvem como um espaço para guardar e enviar arquivos. Serviços como Google Drive, OneDrive, Dropbox e iCloud servem de HD externo. Nos bastidores, os arquivos estão sendo guardados em servido-

125 VARELLA, João. "Xbox lança nuvem de jogos que substitui os próprios consoles", *Folha de S. Paulo*, 1º dez. 2020.

res espalhados pelo mundo. Além de armazenar, os servidores remotos da nuvem podem processar dados pesados, incluindo os jogos de ponta, deixando para o aparelho do usuário a mera transmissão, como acontece numa *live* no YouTube. Isso significa que não precisa mais esperar a instalação dos jogos ou dedicar espaço de armazenamento (*Resident Evil 7: Biohazard* ocupa mais de 20 GB no Xbox Series X), basta carregar alguns segundos.

Sabe onde o bugado *Cyberpunk 2077* melhor rodou no seu lançamento? No Stadia, o serviço do Google de *cloud gaming* lançado no fim de 2019. O jogo continuava a descumprir o que a CD Projekt tinha promovido e prometido, mas a quantidade de bugs era menor.

Soa como uma grande ironia, pois o Stadia também teve sua cota de promessas não entregues. Apresentado como um substituto dos consoles, se distanciou da filosofia "pense grande, comece pequeno" do Google.[126] Embalado por um marketing que conseguiu confundir até mesmo os sites especializados em videogame,[127] chegou ao mercado com um modelo de negócio que envolvia pacote de assinatura e venda individualizada de jogos. Mas o serviço não atingiu as estimativas,[128] com tropeços que se refletiram no envolvimento de produtores terceirizados. O cocriador do jogo *Terraria*, Andrew Spinks, ameaçou cancelar a versão do jogo para o Stadia depois que suas contas do

126 WOJCICKI, Susan. "The eight pillars of innovation", *Think with Google*, jul. 2011.
127 ZWIEZEN, Zack. "This Google Stadia ad is so random (and terrible)", *Kotaku*, 24 nov. 2019.
128 SCHREIER, Jason. "Google's Stadia problem? A video game unit that's not googley enough", *Bloomberg*, 26 fev. 2021.

Google foram bloqueadas.[129] Segundo ele, isso aconteceu repentinamente e sem razão, o que representou a perda de anos de e-mails e conteúdos adquiridos na própria loja do Google. Passado o siricotico, *Terraria* foi lançado na plataforma do Google.[130] Ruim na relação com os terceirizados, pior na criação de conteúdo próprio. No começo de 2021, o Google anunciou o fim do desenvolvimento de jogos próprios para alimentar sua plataforma,[131] sendo que uma semana antes os funcionários receberam e-mails elogiosos da chefia.[132] A estimativa é que 150 pessoas tenham perdido o emprego.[133]

Além de si, a gigante das buscas tem outros concorrentes. Microsoft, Facebook, Amazon, Sony, Tencent, Nvidia, além de startups como a francesa Blade, já atuam nesse nicho, cada uma com um modelo de negócio diferente. *Cloud gaming* tem um arranjo que se encaixa perfeitamente na América Latina.

A nuvem substitui os investimentos na compra de equipamentos próprios, o que faz sentido em um mundo com escassez de componentes e em especial no Brasil, onde impostos e moeda fraca fazem os equipamentos de ponta custar alguns milhares de reais.

129 "Produtor de Terraria perde conta do Google e cancela versão para Stadia", *IstoÉ Dinheiro*, 9 fev. 2021.

130 MARSHALL, Cass. "Terraria arrives on Google Stadia, despite developer ultimatum", *Polygon*, 18 mar. 2021.

131 BIRCH, Nathan. "Google shuts down 1st party Stadia dev teams and cancels games, Jade Raymond leaves", *Wccftech*, 1º fev. 2021.

132 GRAYSON, Nathan & GACH, Ethan. "Stadia leadership praised development studios for 'great progress' just one week before laying them all off", *Kotaku*, 16 fev. 2021.

133 TOTILO, Stephen. "Google Stadia shuts down internal studios, changing business focus", *Kotaku*, 1º fev. 2021.

A Microsoft foi a primeira empresa a chegar ao Brasil com games na nuvem e tem o mérito de ser clara em sua oferta. Ela apresenta a tecnologia como parte do pacote Game Pass; ou seja, quem faz a assinatura completa tem acesso a jogos para baixar no console, para baixar no PC e para jogar via nuvem — alguns dos títulos estão disponíveis simultaneamente nas três modalidades e sincronizam o progresso. A nuvem do Xbox iniciou testes no Brasil com usuários selecionados em novembro de 2020, dias depois do lançamento dos novos consoles, e chegou completa ao Brasil em setembro de 2021. Ironicamente, é em essência uma tecnologia com potencial para substituir os próprios aparelhos.

Os convidados podiam abrir uma seleção de jogos em celulares Android e jogar com controles de Xbox. As principais diferenças na comparação com os consoles são inerentes ao próprio dispositivo móvel: tamanho da tela menor, bateria que descarrega e notificações de aplicativos. A tendência é disponibilizar em qualquer dispositivo com tela e acesso à internet.

No período de testes, dois títulos estavam otimizados para serem usufruídos sem controle, direto na tela do celular: *Minecraft Dungeons* e *Hellblade: Senua's Sacrifice*. Com o passar do tempo, mais títulos foram sendo acrescentados, chegando a mais de cinquenta em 2021.[134] Como acontece em diversos jogos de smartphone, uma simulação de controle ocupa as duas extremidades da tela, sendo possível ajustar a posição.[135]

134 WALES, Matt. "Microsoft adds touch controls to 50+ titles in Xbox Game Pass' cloud-enabled line-up", *Eurogamer*, 7 abr. 2021.

135 VARELLA, João. "xCloud entrega experiência de Xbox no celular, mas exige boa internet", *Start UOL*, 28 dez. 2020.

Mas tem gente que queima a largada, não espera a chegada oficial dos serviços. Antes do lançamento, a Nvidia já contabilizava alguns brasileiros usando o GeForce Now. No fim de 2020, havia mais de duzentas mil contas criadas por nossos conterrâneos para usar o serviço nos Estados Unidos, mesmo com uma experiência ruim, com latência de mais de 150 milissegundos (latência é o atraso entre um comando e a sua realização).[136] Para games não competitivos, cem milissegundos é o limite do tolerável. E, sim, estamos falando de 0,1 segundo. O videogame é exigente. A torcida pela vinda do GeForce Now era grande: a comunidade "Pessoas com computadores lixo mas que usam GeForce Now" no Facebook contava com mais de 49 mil membros. Diferentemente do Game Pass, quem assina o GeForce Now não tem acesso direto ao conteúdo. O usuário pode jogar via nuvem os jogos que adquiriu em lojas virtuais como a Steam.

A Nintendo dá um uso diferente à tecnologia. Em vez de lançar um serviço, faz os jogos pontuais de ponta rodarem em seu console Switch, de configurações modestas. *Control* e *Hitman 3* são alguns dos títulos que puderam ser usufruídos no aparelho da Nintendo, o que não seria possível da maneira tradicional.

×

Para o jogo rodar na nuvem, a distância física entre o jogador e o servidor importa, pois os dados precisam ir e voltar rapidamente. É o que acontece em games on-line como o popular *Fortnite*, mas a carga de dados com o jogo rodando completamente na nuvem é maior. Esse arranjo gera desvantagens:

136 VARELLA, João. "O fim dos videogames", *Elástica*, 25 jan. 2021.

Atraso: o *delay* perceptível no comando e seu resultado, a chamada latência alta, é uma barreira para certos jogos. É mais tolerável em títulos não competitivos.

Imagem: como a velocidade desse vaivém com os servidores é importante, os serviços adotam técnicas de compressão de vídeos. Na prática, é como assistir a um vídeo no YouTube com definição menor do que se o jogo estivesse rodando direto no hardware físico.

Conexão: o mínimo para usar a nuvem do Game Pass é 10 Mb/s, número abaixo da média brasileira.[137] Isso significa que se a conexão da residência for compartilhada por mais pessoas, será necessário bem mais que isso. A conexão 5G habilita que a jogatina seja feita em áreas sem wi-fi, direto na rede de dados.

Preservação: com os jogos alocados em computadores de outras empresas, a conservação dos títulos antigos fica nas mãos das corporações. Um problema que afeta não só o videogame, mas toda forma de arte dependente de plataformas digitais.

Adaptação: hoje os jogos de ponta são projetados para monitores e televisores. Será necessária uma adaptação às telinhas dos celulares. Atualmente, por exemplo, a maior parte das legendas vira teste oftalmológico.

Em linhas gerais, uma comparação válida para a nuvem de games é a experiência de assistir a um filme em Blu-Ray

137 BRAGA, Lucas. "Banda larga no Brasil tem velocidade média de 24,62 Mb/s, diz Anatel", *Tecnoblog*, 26 mar. 2019.

ou na Netflix. A qualidade do disco físico é superior, mas a conveniência e acessibilidade do streaming mudou o jeito de se consumir audiovisual.

Terminar este livro com uma dose de previsões é um risco tremendo. Por mais que audiovisual e música tenham se desmaterializado, o caminhar da tecnologia não é em linha reta. Um exemplo é o livro. De acordo com os prognósticos de meados da década de 2000, já não haveria nada impresso, a mídia se transformaria completamente em e-book. Mas a maior parte dos leitores se recusou.

Um freio na adoção de nuvem pode vir do modelo de negócio por assinatura. A nuvem substitui os hardwares de ponta, exigidos nas grandes produções. No entanto, dentro do modelo de assinatura, o que impera são produções médias, a agulha pende para a quantidade em detrimento da qualidade. É notório que a janela de lançamento dos jogos grandes no serviço diminuiu: *Final Fantasy VII Remake* foi distribuído aos assinantes da PlayStation Plus menos de um ano após seu lançamento. *Star Wars: Squadrons* chegou ainda mais rápido na Plus e na EA Play. *Scarlet Nexus* demorou três meses para chegar ao Game Pass.

Não tem almoço grátis, as produções AAA que mobilizam centenas de funcionários e milhões de dólares em custo (e, se der certo, em receita) foram criadas considerando a venda individual — a Sony declarou que é insustentável fazer grandes produções e colocar direto em um serviço de assinatura.[138]

Quando se fala em serviço de assinatura em games, quem está no topo da montanha é o Game Pass, que coloca

138 DRING, Christopher. "PlayStation's Jim Ryan: 'We want to give gamers certainty that they're buying a true next-generation console'", *GamesIndustry.biz*, 17 set. 2020.

os lançamentos exclusivos da plataforma Xbox direto lá. Comumente comparado à Netflix, o serviço da Microsoft tem o potencial de impactar a produção de seu meio. Os títulos originais da empresa parecem apontar a jogos com serviço on-line, expansões pagas (*Minecraft Dungeons*) e produções médias (*Battletoads*, *Tell Me Why*, *Ori and the Will of the Wisps*). São exemplos lançados em 2020 durante a pandemia. No período, houve apenas um AAA dos Xbox Game Studios, o *Microsoft Flight Simulator 2020*, voltado para PCs. Para console, zero. Se essa tendência se consolidar, os jogadores não precisarão apelar ao processamento da nuvem para acompanhar os lançamentos, pois o hardware atual dará conta do recado. Considerando essa hipótese, a ferramenta on-line ocuparia um espaço de teste de jogos (afinal, não é necessário instalar) e traria mobilidade, em especial com a conexão 5G.

A comparação com a Netflix facilita o entendimento, mas a mídia videogame conta com diferenças profundas em relação ao audiovisual. Ao contrário de uma série ou filme que não oferece possibilidades diferentes ao serem reprisados, jogos podem ser rejogados de diversas maneiras — aumentando a dificuldade, em disputas on-line, na busca por conquistas, entre outros.

Provavelmente, diversos modelos vão conviver e se misturar nos próximos anos. No entanto, nuvem e serviço apontam para o barateamento do acesso a, respectivamente, hardware e software, tornando, portanto, mais viável que videogames possam fazer parte da vida de ainda mais pessoas, suavizando a barreira econômica. Haverá mudanças profundas nos próximos anos em relação ao videogame e à maneira que as pessoas consomem essa mídia, abrindo ainda mais possibilidades expressivas. É meio-dia na vida dos videogames.

Agradecimentos

Este livro toma como base a cobertura de assuntos sobre videogame que fiz em 2020. Nesse período publiquei trinta textos cuja apuração serviu de base para este livro, sendo catorze no *UOL*, oito na *Folha de S. Paulo*, cinco na *Elástica*, um na *Veja*, um no *Globo* e um na *E*. Agradeço aos profissionais dessas casas que me deram a oportunidade de cobrir esse assunto com absoluta liberdade. Aprendi muito e continuarei aprendendo. Artur Tavares, Bruno Izidro, Eduardo Moura, Renato Bueno, Silas Martí e Úrsula Passos são algumas das pessoas físicas por trás desses veículos. O agradecimento se estende a todos os profissionais que lidam com os processos de manter esses faróis da história recente.

Também sou grato às assessorias de imprensa. CD Projekt (*Cyberpunk 2077*), Ubisoft (*Watch Dogs: Legion*), Nintendo (*Animal Crossing: New Horizons*), Raw Furry (*West of Dead*), Supergiant Games (*Hades*) e Bethesda (*Doom Eternal*) mandaram os códigos para os jogos diretamente analisados neste livro. Muitas outras desenvolvedoras enviaram jogos que ajudaram a construir meu repertório, a me aprofundar no tema. Além de games, a Sony enviou um PlayStation 5 para testes. A Microsoft, além de jogos e console Xbox Series X, deu acesso ao Game Pass e serviço de nuvem. Nenhuma das empresas fez qualquer pressão, direcionamento ou retaliação por algo que eu tenha escrito. Uma relação saudável, que ajuda a fomentar a crítica e a evolução da mídia. Por mais que às vezes não pareça fazer sentido em curto prazo abastecer alguém que tenha opiniões que podem ir de encontro aos interesses da empresa, estou certo de que no longo prazo todos os envolvidos ganham.

Agradeço a Cecilia Arbolave, minha companheira coautora de tudo, por incentivar a fazer este livro e por dividir algumas jogatinas pandêmicas comigo — *Wilmot's Warehouse, Untitled Goose Game, Donut County, Night in the Woods, Zuma's Revenge* e *Tetris 99* foram muito mais divertidos com ela.

A Tadeu Breda, por publicar pela Elefante, inspiradora casa editorial em amplos sentidos, e às pessoas envolvidas no processo de edição: Carolina Hidalgo, Fabiana Medina e Tomoe Moroizumi pelo tratamento do texto; Paula Cruz pela arte da capa e Bianca Oliveira pelo projeto gráfico.

A Frederico Costa, Marcos Batista e Marcelo Farias, que trocaram ideias enquanto cooperamos em jogos como *Halo, Gears of War, Sea of Thieves* e *Deep Rock Galactic* durante a pandemia. A Alexandre Sato, que ouve pensatas, desabafos e descalabros no podcast *Dois Analógicos*. Aos companheiros do Homo Ludens, grupo de discussão de jogos com encontros mensais em videoconferência e permanente por meio do WhatsApp.

Um agradecimento especial também a você que leu este livro.

Foto: Cecilia Arbolave

Sobre o autor

JOÃO VARELLA é jornalista, fundador da editora Lote 42 e das livrarias Sala Tatuí e Banca Tatuí. Escreveu os livros *Games: cultura, arte e joystick* (Edições Sesc, 2021), *Videogame, a evolução da arte* (Lote 42, 2020), *42 haicais e 7 ilustrações* (Lote 42, 2014), *A agenda* (Novo Conceito, 2013) e *Curitibocas: diálogos urbanos* (Coração Brasil, 2007). Colaborou em veículos de comunicação como *IstoÉ Dinheiro*, *El Economista*, *Gazeta do Povo*, *R7*, *Folha de S. Paulo*, *UOL*, *Elástica*, entre outros. Apresenta o documentário *12 Moedas* (HBO, 2020). Nasceu em Guaíba (RS) em 1985 e mora em São Paulo desde 2009. Jogava *The Walking Dead: Michonne*, *Persona 5* e *Children of Morta* quando terminou de escrever este livro.

Primeira edição, novembro de 2021
São Paulo, Brasil

Dados Internacionais de Catalogação na Publicação (CIP)
Angélica Ilacqua CRB – 8/7057

Varella, João
Videogame pandemia / João Varella
– São Paulo : Elefante, 2021.
144 p.

ISBN 978-65-87235-65-3

1. Videogame 2. Videogame – Aspectos sociais
3. Videogame – Aspectos econômicos I. Título

21–4519 CDD 794.8092

Índices para catálogo sistemático:
1. Videogame

Editora Elefante
editoraelefante.com.br
editoraelefante@gmail.com
fb.com/editoraelefante
@editoraelefante

Sol Elster [comercial]
Samanta Marinho [financeiro]
Isadora Attab [redes]
Camila Yoshida [mídia]

TIPOGRAFIA Nassim & Regular

PAPÉIS Ivory cold 65 g/m^2 e cartão 250 g/m^2

IMPRESSÃO PlenaPrint